Juan David Nasio

EL LIBRO DEL DOLOR Y DEL AMOR

Grupo: Psicología
Subgrupo: Psicoanálisis Lacaniano

OBRAS DE JUAN-DAVID NASIO
PUBLICADAS POR GEDISA

El magnífico niño del psicoanálisis
El concepto de sujeto y objeto en la teoría de Jacques Lacan

Enseñanza de 7 conceptos cruciales del psicoanálisis

La mirada en psicoanálisis

Cinco lecciones sobre Jacques Lacan

Grandes psicoanalistas. 1
Introducción a las obras de Freud, Ferenczi, Groddeck y Klein
(como compilador)

Grandes psicoanalistas. 2
Introducción a las obras de Winnicott, Dolto y Lacan
(como compilador)

El libro del dolor y del amor

El placer de leer a Freud

El placer de leer a Lacan
El fantasma, 1

El dolor de amar

El dolor físico

EL LIBRO DEL DOLOR
Y DEL AMOR

por

Juan David Nasio

Título del original en francés: *Le Livre de la Douleur et de l'Amour*
Publicado por Éditions Payot & Rivages
© 1996 by Éditions Payot & Rivages, París

Traducción: Viviana Ackerman
Corrección estilística: Margarita N. Mizraji

Derechos reservados para todas las ediciones en castellano

©Editorial Gedisa, S. A.
Avda. del Tibidabo, 12, 3º
08022 – Barcelona, España
Tel. 93 253 09 04
gedisa@gedisa.com
www.gedisa.com

ISBN: 978-84-7432-636-9
Depósito legal: B.22379-2015

Impreso en España
Printed in Spain

Queda prohibida la reproducción parcial o total de eta obra, por cualquier medio de impresión, en forma idéntica, extractada o modificada, en castellano o cualquier otro idioma.

El amor es una espera,
y el dolor,
la ruptura súbita e imprevisible
de esa espera.

(J. D. N.)

*Clémence
o la travesía del dolor*

*

Nota liminar

*

El dolor psíquico, dolor de amar

*

Archipiélago del dolor

*

*El dolor corporal:
una concepción psicoanalítica*

*

Lecciones sobre el dolor

El dolor, objeto de la pulsión sadomasoquista
El dolor en la reacción terapéutica negativa
El dolor y el grito
El dolor del duelo

*

Extractos de las obras de Freud
sobre el dolor corporal,
precedidos por nuestros comentarios

*

Extractos de las obras de Freud y de Lacan
sobre el dolor psíquico,
precedidos por nuestros comentarios

*

Selección bibliográfica
sobre el dolor

*Clémence
o
la travesía del dolor*

Clémence[1] tiene treinta y ocho años. Aquejada de esterilidad, lucha por ser madre. Está siguiendo conmigo un tratamiento analítico desde hace tres años. Aún tengo vivo el recuerdo del día en que, al anunciarme que había quedado embarazada, exclamó: "¡Hemos triunfado!" Experimenté entonces el sentimiento de compartir la felicidad del entorno próximo que, con Clémence, se había movilizado para conseguir el embarazo. Pienso en su marido tan presente y en su ginecólogo, un excelente especialista en tratamientos sobre esterilidad.

Durante el transcurso de los meses que siguieron, las sesiones se fueron dedicando esencialmente a vivir y a decir ese período intenso en el que una mujer se descubre en el acto de devenir madre. Llegó el momento del parto, y Clémence dio a luz un hermoso niño. Ese mismo día, me telefoneó, radiante, para anunciarme el nacimiento de un varón llamado Laurent. Dichoso a mi vez, la felicité cálidamente. Tres días más tarde, me sorprendió recibir un segundo llamado telefónico de un tenor completamente diferente. Con una voz sorda y ahogada, casi inaudible, me informó: "Perdí el bebé. Murió esta mañana en la clínica. No se sabe de qué." Al escuchar estas terribles palabras, me quedé paralizado por el estupor y sólo atiné a decir: "¡No es posible! ¡Es un disparate!"

Durante algún tiempo, Clémence no dio muestras de su sentir. Su silencio no me asombraba, porque yo sabía por experiencia hasta qué punto la persona que atraviesa un duelo, desmoronada por el golpe de una pérdida violenta, rechaza de plano el encuentro con todos aquellos que, antes del drama, estaban vinculados al ser desaparecido. También había imaginado que mi paciente iba a interrumpir el análisis, porque yo estaba inevitablemente asociado a su lucha por la fecundación, al éxito de su embarazo, a la felicidad del nacimiento y, ahora, al dolor atroz por una pérdida brutal e incomprensible. Seguramente, Clémence renunciaría a proseguir conmigo su actual camino analítico para retomarlo en otro lado y, más adelante, con otro profesional. Era menester, me decía, que su mundo cambiara imperativamente. Pero la realidad se reveló muy de otro modo.

En efecto, poco tiempo después del acontecimiento trágico, Clémence volvió a verme. Agotada, era incapaz de desplazarse sola, y habían tenido que acompañarla hasta la sala de espera. Al ir a recibirla, descubrí a una mujer transformada por la angustia. No era más que un cuerpo impersonal, extenuado, vaciado de toda fuerza, sólo aferrada a las imágenes omnipresentes de su bebé capturado en todas las escenas en las que aún estaba con vida. Su cuerpo encarnaba perfectamente el yo exangüe del ser dolorido, un yo abatido, suspendido en el recuerdo vivo del niño desaparecido; recuerdo machacado por una pregunta insistente: "¿De qué murió? ¿Por qué y cómo murió? ¿Por qué a mí?"*

Sabemos que tal estado de dolor extremo, mezcla de vaciamiento del yo y de contracción en una imagen-recuerdo, es la expresión de una defensa, de un sobresalto de vida. También sabemos que este dolor es la última fortaleza defensiva contra

---

* Laurent murió en la *nurserie*, en medio de la noche, mientras Clémence dormía. Fue el médico obstetra —el mismo que había hecho posible el embarazo y que había atendido el parto— quien, al día siguiente, le anunció el deceso, sin poder, empero, proporcionarle las razones. Hoy en día, Clémence y su marido siguen sin saber cuáles fueron las causas exactas de la muerte de su hijo.

la locura. Que en el registro de los sentimientos humanos, el dolor psíquico es, en efecto, el último afecto, la última crispación de un yo desesperado que se contractura para no zozobrar en la nada. Durante todo el período que siguió inmediatamente a la muerte de Laurent, escuché muchas veces a Clémence declarar su temor de volverse loca. Es cierto que, en algunos momentos, habría podido parecerlo. A veces, la aflicción de la persona en estado de duelo da lugar a tales irrupciones de exaltación que las imágenes demasiado claras y distintas del difunto resultan vividas con la nitidez de una alucinación.

No obstante, todo mi saber sobre el dolor —he de precisar que, en aquella época, estaba ya escribiendo el presente libro— no me protegió del impacto violento que sufrí al recibir a mi paciente inmediatamente después del accidente. En aquel momento, nuestro vínculo se reducía a poder ser débiles juntos: Clémence, fulminada por la pena, y yo, sin dominio sobre su dolor. Me encontraba desestabilizado por la impenetrable angustia del otro. La palabra, entonces, me parecía inútil, razón por la cual me veía reducido a hacer resonar, como un eco, su grito desgarrador. Sabía que el dolor irradia y envuelve a quien lo escucha. Que, en un primer momento, yo no tenía más que ser aquel que, por su sola presencia —aunque fuera silenciosa—, pudiera disipar el sufrimiento recibiendo sus irradiaciones. Y que esta impregnación, más acá de las palabras, podría inspirarme justamente las palabras adecuadas para decir el dolor y, por fin, calmarlo.

Tras ese período de algunos meses durante los cuales recibía a Clémence cara a cara y en que mi escucha se limitaba a acompañar de la mejor manera posible las fluctuaciones de su angustia, ella misma retomó la decisión de acostarse. Fue entonces cuando pudo verdaderamente comenzar el trabajo de duelo; trabajo marcado por una sesión determinante que me interesa evocar en estas páginas.

A Clémence le horrorizaba escuchar las palabras de consuelo que, en semejantes circunstancias, acuden tan fácilmente a los labios de los parientes y amigos: "¡No te preocupes! ¡Piensa en tu próximo embarazo! Aún estás a tiempo. ¡Ten otro hijo y verás cómo olvidas!" Estas torpes exclamaciones le resultaban profundamente insoportables y la ponían fuera de sí. Yo entendía muy bien la vehemencia de su reacción, porque esas frases pretendidamente reconfortantes eran, de hecho, una apelación al olvido, una incitación a suprimir por segunda vez a su hijo muerto. Una incitación a perderlo de nuevo, ya no en la realidad, sino "en el corazón". Como si, en plena rebeldía, Clémence le gritara al mundo: "He perdido a mi hijo y sé que ya no volverá. Sé que ya no está vivo, pero sigue viviendo en mí. ¡Y ustedes querrían que lo olvide! ¡Que desaparezca por segunda vez!" Pedirle a Clémence que olvidara a su hijo muerto reemplazándolo por otro antes de realizar el duelo no podía sino violentarla. Era pedirle que no quisiera más la imagen del bebé desaparecido, y por consiguiente que se privara del único recurso capaz de calmar la herida y, finalmente, que renunciara a preservar su equilibrio psíquico. La imagen del ser perdido no debe borrarse; por el contrario, debe dominar hasta el momento en que —gracias al duelo— la persona que lo está viviendo consigue hacer coexistir el amor por el desaparecido con un mismo amor por un nuevo elegido. Cuando dicha coexistencia del antiguo y del nuevo se instala en el inconsciente, podemos estar seguros de que ya se ha comprometido lo esencial del proceso del duelo.

Ya no tenía yo en mente todas estas consideraciones teóricas cuando, durante una sesión que tuvo lugar aproximadamente ocho meses después del deceso, intervine de una manera que se reveló decisiva. Clémence estaba tendida en el diván y me hablaba con el tono de alguien que acaba de reencontrar el gusto por la vida. Estaba muy concentrado en la escucha y, en el momento de intervenir, pronuncié las siguientes palabras, casi sin darme cuenta de lo que decía: "... porque si viene al mundo un segundo hijo, quiero decir el hermano o la hermana de Laurent..." Antes aún de que hubiera podido terminar mi frase, la paciente me interrumpió y, sorprendida, exclamó: "¡Pero es la primera vez que oigo decir 'el hermano o la hermana de Laurent'! Tengo la impresión de que me he sacado un enorme peso de encima". Entonces se me ocurrió una evocación que comuniqué en el acto a la paciente: "Se encuentre donde se encuentre Laurent en estos momentos, estoy seguro de que estaría feliz de enterarse de que algún día usted le dará un hermanito o una hermanita". Estaba asombrado de haber podido expresar espontáneamente, en tan pocas palabras, lo esencial de mi concepción del duelo según la cual el dolor se calma siempre y cuando la persona que lo vive admita por fin que el amor por un nuevo elegido vivo no abolirá jamás el amor por el desaparecido. Así, para Clémence, el futuro niño que tal vez nacería no tomará jamás el lugar de su hermano mayor, hoy difunto. Tendrá su propio lugar, el que su deseo, el deseo de sus padres y su destino le reserven. Y, simultáneamente, Laurent seguirá siendo, para siempre, el irreemplazable primer hijo.

*
* *

Nota liminar

Me propuse abrir el presente libro con el fragmento de una cura; debería decir con el fragmento de una vida que pone en presencia, frente a frente, a dos seres: uno que sufre y otro que acoge el sufrimiento. Una madre agobiada por la pérdida cruel de un primer bebé tan largamente esperado y tan brutalmente desaparecido. Y además, un psicoanalista que trata de otorgar un sentido a un dolor que, en sí mismo, no tiene ninguno. En sí, el dolor no tiene ningún valor ni significación. Está allí, hecho de carne o de piedra, y, sin embargo, para calmarlo, debemos tomarlo como la expresión de otra cosa, despegarlo de lo real transformándolo en símbolo. Atribuir un valor simbólico a un dolor que es en sí puro real, emoción brutal, hostil y extraña, sigue siendo, finalmente, el único gesto terapéutico que lo haga soportable. Por ende, el psicoanalista es un intermediario que acoge el dolor inasimilable de su paciente y lo transforma en un dolor simbolizado.

Ahora bien, ¿qué es darle sentido al dolor y simbolizarlo? No es en modo alguno proponer una interpretación forzada de su causa, ni siquiera consolar a la persona que sufre, ni mucho menos alentarla para atravesar su pena como una experiencia formadora que templaría su carácter. No; dar un sentido al dolor del otro significa, para el psicoanalista, entrar en concordancia con el dolor, tratar de vibrar con él y, en ese estado de resonancia, esperar a que el tiempo y las palabras lo erosionen. Con su paciente vuelto todo dolor, el analista actúa como un bailarín que, ante el traspié de su compañera, la ataja, evita que vuelva a caerse y, sin perder el vuelo, lleva a la pareja a recuperar el ritmo inicial. Dar un sentido a un dolor insondable es, por último, encontrarle y disponerle un lugar en el seno de la transferencia en donde podrá ser gritado, llorado y gastado a fuerza de lágrimas y de palabras.

*

A lo largo de estas páginas, quisiera participarles de lo que yo mismo he aprendido, a saber que el dolor mental no es necesariamente patológico; jalona nuestra vida, como si maduráramos a golpes de dolores sucesivos. Para quien practica el psicoanálisis, se revela con toda evidencia —gracias a la notable lupa de la transferencia analítica— que el dolor, en la médula de nuestro ser, es el signo indiscutible del pasaje por una prueba. Cuando aparece un dolor, no vacilemos ni un instante en sentirnos seguros de que estamos franqueando un umbral, atravesando una prueba decisiva. ¿Qué prueba? La prueba de una separación, de la singular separación de un objeto que, al abandonarnos súbita y definitivamente, nos perturba y nos constriñe a reconstruirnos. El dolor psíquico es dolor de separación, sí, cuando la separación es arrancamiento y pérdida de un objeto al cual estamos tan íntimamente vinculados —la persona amada, algo material, un valor, o la integralidad de nuestro cuerpo— que ese lazo resulta constitutivo de nosotros mismos. Es reconocer en qué medida nuestro inconsciente es el hilo sutil que enlaza las diversas separaciones dolorosas de nuestra existencia.

Vamos a estudiar el dolor tomando como ejemplo la aflicción que nos afecta cuando nos golpea la muerte de un ser querido. El *duelo* de la persona amada es, en efecto, la prueba más ejemplar para comprender la naturaleza y los mecanismos del dolor mental. Sin embargo, sería falso creer que el dolor psíquico es un sentimiento exclusivamente provocado por la pérdida de un ser querido. También puede ser el dolor del *abandono*, cuando el ser amado nos retira súbitamente su amor; de la *humillación*, cuando somos profundamente heridos en nuestro amor propio; y el dolor de la *mutilación* cuando perdemos una parte de nuestro cuerpo. Todos estos dolores son, en diferentes grados, dolores de amputación brutal de un objeto amado, aquel al cual estábamos tan intensa y duraderamente vinculados que regulaba la armonía de nuestro psiquismo. No hay dolor sin un trasfondo de amor.

*

El dolor psíquico es un sentimiento oscuro, difícil de definir que, no bien captado, se escurre ante la razón. Por lo tanto, su naturaleza incierta nos incita a encontrar la teoría más precisa posible del mecanismo de aquello que hace daño. Hay una suerte de desafío en el afán de elucidar un afecto que escapa al pensamiento. Hemos podido comprobar, en efecto, cuán extremadamente limitada se encontraba la literatura analítica en este campo. Los propios Freud y Lacan rara vez abordaron el tema del dolor y jamás le dedicaron un estudio exclusivo.

Por consiguiente, voy a intentar exponerles una metapsicología del dolor. Una metapsicología, dado que es la única aproximación teórica satisfactoria para explicar en detalle el mecanismo de formación del dolor psíquico.

Antes de comenzar, querría dejar establecidos algunos conceptos previos, y decirles que el dolor —físico o psíquico, poco importa— siempre es un fenómeno límite. A lo largo de estas páginas, lo verán constantemente emerger en el nivel de un límite, ya sea el límite impreciso entre el cuerpo y la psique, entre el yo y el otro o, sobre todo, entre el funcionamiento regulado del psiquismo y sus desarreglos.

Otra observación inicial está relacionada con el vocabulario que utilizaré para distinguir dolor corporal de dolor psíquico. Esta distinción, aunque necesaria para la claridad de mi exposición, no está rigurosamente fundada. Desde el punto de vista psicoanalítico, no hay diferencia entre dolor físico y dolor psíquico. La razón de ello es, como acabamos de señalar, que el dolor es un fenómeno mixto que surge en el límite entre cuerpo y psique. Cuando estudiemos el dolor corporal, por ejemplo, ustedes comprobarán que, dejando de lado sus estrictos mecanismos neurobiológicos, se explica esencialmente por una perturbación del psiquismo. Agreguemos aun que el modelo del dolor corporal, esbozado por Freud en los albores de su obra y que retomaremos más adelante, ha esclarecido sorprendentemente nuestra concepción del dolor psíquico.

Otra precisión terminológica concierne a la diferencia entre las palabras "sufrimiento" y "dolor". Clásicamente, estos términos se distinguen de la manera siguiente: mientras que el dolor remite a la sensación local causada por una lesión, el sufrimiento designa una perturbación global, psíquica y corporal, provocada por una excitación generalmente violenta. Si el dolor es una sensación bien delimitada y determinada, el sufrimiento, en cambio, se presenta como una emoción mal definida. Pero esta distinción esquemática caduca no bien precisamos con rigor la formación de un dolor corporal y el factor psíquico que interviene en él. Es lo que hemos tratado de hacer al explorar el yo en dificultades mediante los instrumentos de la metapsicología freudiana. En consecuencia, el término sufrimiento se revelará demasiado vago para el lector, y el de dolor, por el contrario, aparecerá preciso y riguroso. Por ende, he preferido privilegiar la palabra "dolor" y conferirle un estatuto de concepto psicoanalítico.

Vaya una última observación preliminar. A fin de situar mejor nuestro abordaje, querría proponer una visión de conjunto del dolor dividida en tres grandes categorías. Ante todo, el dolor es un *afecto*, el último afecto, la última fortaleza defensiva antes de la locura y la muerte. Es como un sobresalto final que da testimonio de la vida y de nuestro poder de recuperación. No se muere de dolor. Mientras hay dolor, tenemos también las fuerzas disponibles para combatirlo y seguir viviendo. Es esta noción de dolor-afecto lo que vamos a estudiar en los primeros capítulos.

Luego, segunda categoría: el dolor considerado como *sínto-*

ma, es decir como la manifestación exterior y sensible de una pulsión inconsciente y reprimida. Tomemos el caso ejemplar de un dolor en el cuerpo que revela la existencia de un sufrimiento inconsciente. Pienso en esas migrañas histéricas, persistentes, fluctuantes según las situaciones afectivas y sin causas identificables. Y bien, diremos que la migraña es un síntoma, es decir una sensación dolorosa que traduce una emoción reprimida en el inconsciente. Incluyo en este conjunto todos los dolores calificados por la medicina actual como dolores "psicógenos". Si se consulta cualquiera de las numerosas publicaciones médicas recientes dedicadas al dolor, se encontrará inevitablemente una contribución, en general muy breve, sobre el dolor psicógeno. ¿Qué significa este calificativo de "psicógeno"? Designa los diversos dolores corporales sin causa orgánica visible y a los cuales se les atribuye, a falta de algo mejor, un origen psíquico.

La tercera y última categoría psicoanalítica del dolor remite a la perversión. Se trata, en efecto, del dolor en tanto *objeto y meta del placer sexual* perverso sadomasoquista. Hemos desarollado este tema en nuestras dos primeras *Lecciones sobre el dolor*.

*

Concretamente, vamos a proceder de la manera siguiente: después de habernos ocupado del dolor psíquico propiamente dicho, presentaremos una concepción psicoanalítica del dolor corporal. Pero, previamente, necesitamos identificar las diferentes etapas de la formación de un dolor, sea éste el que fuere.

Ya se trate de un dolor corporal provocado por una lesión de los tejidos o de un dolor psíquico provocado por la ruptura súbita del lazo íntimo con un ser querido, el dolor se forma en el espacio de un instante. Sin embargo, veremos que su engendramiento, aunque instantáneo, sigue un complejo proceso, que puede descomponerse en tres tiempos: comienza con una *ruptura*, prosigue con la *conmoción* psíquica que desencadena la ruptura, y culmina con una *reacción* defensiva del yo para protegerse de la conmoción. En cada una de estas etapas predomina un aspecto particular del dolor.

Así, aparecen sucesivamente: un dolor propio de la ruptura, luego un dolor inherente al estado de conmoción, y por último un dolor suscitado por la defensa refleja del yo en respuesta a la perturbación. Desde luego, estos tres dolores no son en realidad sino los diferentes aspectos de un solo y único dolor, formado instantáneamente.

En nuestro recorrido, ya sea para profundizar el dolor corporal o el dolor psíquico, hemos de respetar estos tres tiempos: tiempo de la ruptura, tiempo de la conmoción y tiempo de la reacción defensiva del yo.

*

En este punto, me gustaría dejar sentada de ahora en más la premisa principal de nuestra teoría del dolor.

Nuestra premisa:
el dolor es un afecto que refleja en la conciencia las variaciones extremas de la tensión inconsciente, que escapan al principio del placer.

Un sentimiento vivido es, a nuestro entender, la manifestación consciente del movimiento ritmado de las pulsiones. Todos nuestros sentimientos expresan en la conciencia las variaciones de intensidad de las tensiones inconscientes. Postulo que el dolor manifiesta, en lo que le concierne, no oscilaciones regulares de la tensión, sino un enloquecimiento de la cadencia pulsional. Ahora bien, ¿por qué vía se convierten las pulsiones en sentimientos vividos? El yo consigue percibir en el fondo de sí mismo —en el seno del ello— y con una extraordinaria agudeza, las variaciones de las pulsiones internas para hacerlas repercutir en la superficie de la conciencia bajo la forma de afectos.

Así, el yo es un intérprete capaz de leer por dentro la lengua de las pulsiones y de traducirla por fuera como lengua de los sentimientos. Como si poseyera un órgano detector orientado hacia el interior, que sirviera para captar las modulaciones pulsionales y trasponerlas en la pantalla de la conciencia bajo la forma de emociones. Cuando esas modulaciones son moderadas, se hacen conscientes en tanto sentimientos de placer y displacer; y cuando son extremas, se convierten en dolor.

Generalmente, el funcionamiento psíquico está regido por el principio del placer, que regula la intensidad de las tensiones pulsionales y las hace tolerables. Pero si sobreviene una ruptura brutal con el ser amado, las tensiones se desencadenan y el principio regulador del placer se torna inoperante. Mientras el yo, vuelto hacia el adentro, percibía las fluctuaciones regulares de las irrupciones pulsionales, podía experimentar sensaciones de placer y displacer; ahora que percibe en el interior de sí mismo la perturbación de las tensiones inmanejables, es dolor lo que siente. Aunque displacer y dolor pertenecen a la misma categoría de los sentimientos penosos, podemos distinguirlos nítidamente y afirmar: *el displacer no es el dolor*. Mientras que el displacer expresa la autopercepción por parte del yo de una tensión elevada pero modulable, el dolor expresa la autopercepción de una tensión descontrolada en un psiquismo perturbado. El displacer sigue siendo, pues, una sensación que refleja en la conciencia un aumento de la tensión pulsional, aumento sometido a las leyes del principio del placer. En cambio el dolor atestigua un desarreglo profundo de la vida psíquica que escapa al principio del placer.

Así, a lo largo de las páginas que seguirán, veremos aparecer el dolor como un afecto provocado no tanto por la pérdida del ser querido —pienso en el dolor psíquico— sino por la autopercepción que tiene el yo del tumulto interno desencadenado por esta pérdida. Hablando con toda propiedad, el dolor no es dolor de la pérdida, sino dolor del caos de las pulsiones enloquecidas. En una palabra, el sentimiento doloroso no refleja las oscilaciones regulares de las pulsiones, sino una locura de la cadencia pulsional.

*
* *

*El dolor
psíquico,
dolor de amar*

Cuanto más se ama, más se sufre.

*

Perder al ser a quien amamos.

*

El amado cuyo duelo debo hacer es aquel que me satisface a medias, hace tolerable mi insatisfacción y resitúa mi deseo.

*

La presencia fantasmatizada del amado en mi inconsciente.

*

La persona del amado.

*

La presencia real del amado en mi inconsciente.

*

La presencia simbólica del amado en mi inconsciente.

*

La presencia imaginaria del amado en mi inconsciente.

*

El dolor del enloquecimiento pulsional.

*

Resumen de las causas del dolor psíquico.

El dolor psíquico es una lesión del vínculo íntimo con el otro, una disociación brutal de aquello que naturalmente está llamado a vivir unido.

A diferencia del dolor corporal causado por una herida, el dolor psíquico sobreviene sin daño tisular. El motivo que lo desencadena ya no se localiza en la carne sino en el vínculo entre aquel que ama y su objeto amado. Cuando la causa se localiza en ese envoltorio de protección del yo que es el cuerpo, calificamos el dolor de corporal; cuando la causa se sitúa más allá del cuerpo, en el espacio inmaterial de un poderoso lazo de amor, el dolor se denomina psíquico. Así, podemos de ahora en más presentar la primera definición del dolor psíquico o dolor de amar como *el afecto que resulta de la ruptura brutal del lazo que nos vincula con el ser o la cosa amados.** Esta ruptura, violenta y súbita, suscita inmediatamente un sufrimiento interior vivido como un arrancamiento del alma, como un grito mudo que emana de las entrañas.

---

* Escribimos "amado", pero el objeto al que estamos unidos y cuya separación brusca genera dolor es un objeto simultáneamente amado, odiado y angustiante.

El dolor siempre está vinculado con el carácter súbito de una ruptura, con el franqueamiento súbito de un límite más allá del cual el sistema psíquico está subvertido sin estar desestructurado.

He aquí los diferentes estados simultáneos del yo atravesado por el dolor:
• *el yo que* **padece** *la conmoción;*
• *el yo que* **observa** *la conmoción;*
• *el yo que* **experimenta** *el dolor, expresión consciente de la conmoción;*
• *y el yo que* **reacciona** *ante la conmoción.*

En realidad, la ruptura de un vínculo amoroso provoca un estado de shock semejante al inducido por una violenta agresión física: la homeostasis del sistema psíquico queda rota, y el principio de placer abolido. Conmocionado, el yo consigue, pese a todo —como para el dolor corporal— autopercibir su propio trastorno, es decir detectar en su seno el enloquecimiento de sus tensiones pulsionales desencadenadas por la ruptura. La percepción de ese caos se traduce inmediatamente en la conciencia por el vivo sentimiento de un atroz dolor interior. Propongamos entonces una segunda definición del dolor psíquico considerado esta vez desde el punto de vista metapsicológico, y digamos que *el dolor es el afecto que expresa en la conciencia la percepción por parte del yo —percepción hacia el adentro— del estado de shock, del estado de conmoción pulsional (trauma) provocado por la ruptura, no de la barrera periférica del yo, como en el caso del dolor corporal, sino por la ruptura súbita del lazo que nos vincula con el otro elegido. El dolor es aquí dolor del trauma.*

Cuanto más se ama, más se sufre

Pero, ¿qué es lo que quiebra el lazo amoroso, hace tanto daño y sumerge al yo en la desesperación? Freud responde sin vacilar: es la *pérdida* del ser amado o de su amor. Agregamos: la pérdida brutal e irremediable del ser amado. Es lo que sucede cuando la muerte azota súbitamente a alguno de nuestros allegados, padre o cónyuge, hermano o hermana, hijo o amigo querido. La expresión "pérdida del ser amado", que se le ocurrió a Freud en los últimos años de su vida, aparecía esencialmente en dos escritos principales que son *Inhibición, síntoma y angustia* y *El malestar en la cultura*. Me gustaría citar un

El amado me protege contra el dolor tanto como su ser palpita en sincronía con los latidos de mis sentidos. Pero basta con que desaparezca bruscamente o con que me retire su amor para que yo sufra como nunca.

extracto de este último texto: "Desde tres lados nos amenaza el sufrimiento; desde el cuerpo propio, destinado a la ruina y a la disolución, [...]; desde el mundo exterior, que puede abatir sus furias sobre nosotros con fuerzas hiperpotentes, despiadadas, destructoras". La tercera amenaza, la que nos interesa aquí, proviene, "por fin, desde los vínculos con otros seres humanos". Y precisa Freud: "Al padecer que proviene de esta fuente lo sentimos tal vez más doloroso que a cualquier otro [...]". Examina entonces con mucha circunspección, uno tras otro, los diferentes medios de evitar los sufrimientos corporales y las agresiones exteriores. Pero cuando aborda el medio de protegerse contra el sufrimiento que surge de la relación con el prójimo, ¿qué remedio encuentra? Un remedio aparentemente muy simple, el del amor al prójimo. En efecto, para preservarse de la desdicha, algunos predican una concepción de la vida que toma como centro el amor y en la que se considera que toda alegría procede del hecho de amar y de ser amado. Es cierto —confirma Freud— que "...una actitud psíquica de esta índole está al alcance de todos nosotros". ¿Qué puede haber entonces de más natural que amar para evitar el conflicto con el otro? Amemos, seamos amados y nos alejaremos del mal. Y, sin embargo, es lo opuesto lo que tiene lugar. He aquí lo que Freud, como clínico, comprueba: " Nunca estamos menos protegidos contra las cuitas que cuando amamos; nunca más desdichados y desvalidos que cuando hemos perdido el objeto amado o a su amor." Me interesa especialmente poner el énfasis en estas frases porque señalan claramente la paradoja insuperable del amor: pese a ser una condición constitutiva de la naturaleza humana, el amor sigue siendo la premisa insoslayable de nuestros sufrimientos. Cuanto más se ama, más se sufre.

Como si el yo angustiado ya hubiera hecho la experiencia de un antiguo dolor, cuyo retorno teme. La angustia es el presentimiento de un dolor por venir, mientras que la añoranza es el recuerdo triste y complaciente de una alegría y de un dolor pasados.

En el otro escrito, *Inhibición, síntoma y angustia*, es la misma fórmula, la de "pérdida del objeto amado", la que acude a la pluma de Freud cuando debe distinguir el dolor psíquico de la angustia. ¿Cómo diferencia cada uno de estos afectos? Propone el siguiente paralelismo: mientras que el dolor es la reacción a la pérdida *efectiva* de la persona amada, la angustia es la reacción ante la *amenaza* de una eventual pérdida. Retomando nuestro desarrollo, podemos afinar estas definiciones freudianas y precisar: el dolor es la reacción a la *conmoción pulsional* efectivamente provocada por una pérdida, mientras que la angustia es la reacción ante la *amenaza* de una eventual *conmoción*. Pero, ¿cómo explicar lo que parece tan evidente, que la pérdida súbita del amado o de su amor nos sea tan dolorosa? ¿Quién es ese otro tan amado cuya desaparición inesperada provoca conmoción y dolor? ¿De qué anudamiento está entretejido el lazo amoroso para que su ruptura sea experimentada como una pérdida? ¿Qué es una pérdida? ¿Qué es el dolor de amar?

Perder al ser a quien amamos

La imagen del objeto perdido, su "sombra", cae sobre el yo y recubre una parte de él.

Reservemos por un momento nuestras respuestas y consideremos ahora la manera como el yo reacciona ante la conmoción desencadenada por la pérdida del ser amado. Habíamos definido el dolor psíquico como el afecto que traduce en la conciencia la autopercepción de parte del yo de la conmoción que padece. Lo habíamos llamado *dolor del trauma*. Ahora, completemos la idea diciendo que es el dolor producido cuando el yo se defiende *contra el trauma*. Más precisamente, *el dolor psíquico es el afecto que traduce en la conciencia la reacción defensiva del yo cuando, al ser conmocionado, lucha por reencontrarse*. El dolor es, por lo tanto, una reacción.

> *"...una aspiración en el psiquismo produce un efecto de succión en las cantidades de excitaciones vecinas. [...] Este proceso de aspiración tiene los efectos de una herida (hemorragia interna) análoga al dolor."*
> Freud

En el dolor corporal, la sobreinvestidura recae en la representación del cuerpo lesionado; en el dolor psíquico, recae en la representación del amado desaparecido.

Pero, ¿cuál es esta reacción? Frente al trastorno pulsional introducido por la pérdida del objeto amado, el yo se levanta: apela a todas sus fuerzas vivas —a riesgo de quedarse agotado— y las concentra en un solo punto, el de la representación psíquica del amado perdido. En consecuencia, el yo está totalmente ocupado en mantener viva la imagen mental del desaparecido. Como si se empeñara especialmente en querer compensar la ausencia real del otro perdido magnificando su imagen. El yo se confunde entonces casi totalmente con esta imagen soberana, y sólo vive amando y, a veces, odiando la efigie de un otro desaparecido. Efigie que atrae hacia sí toda la energía del yo y le hace padecer una aspiración medular violenta que lo deja exangüe e incapaz de interesarse por el mundo exterior. Como ven, describimos una vez más la misma crispación defensiva del yo que nos permitió explicar la última etapa de la génesis del dolor corporal (*dolor de reaccionar*) cuando toda la energía psíquica atiende la representación de la herida (*Fig. 3*). Ahora, la misma energía afluye y se condensa en la representación del ser amado y desaparecido. El dolor de perder a un ser querido se debe pues a la distancia que existe entre un yo exangüe y la imagen demasiado viva del desaparecido.

La reacción del yo contra la conmoción desencadenada por la pérdida se descompone pues en dos movimientos: una aspiración súbita de la energía que lo vacía —movimiento de *desinvestidura*—, y la polarización de toda esta energía en una sola imagen psíquica: movimiento de *sobreinvestidura*. El dolor mental resulta así de un doble proceso defensivo: el yo desinviste súbitamente la cuasitotalidad de sus representaciones para sobreinvestir puntualmente la única

El dolor sobreviene cada vez que tiene lugar un desplazamiento masivo y súbito de energía. Así, la desinvestidura del yo hace daño, y la desinvestidura de la imagen también es dañina.

representación del amado que ya no está. El vaciamiento súbito del yo es un fenómeno tan doloroso como la contracción en un punto. Los dos movimientos de defensa contra el trauma generan dolor. Pero si el dolor de la desinvestidura toma la forma clínica de una inhibición paralizante, el de la sobreinvestidura es un dolor lancinante que oprime. Propongamos entonces una nueva definición del dolor psíquico como *el afecto que expresa el agotamiento de un yo muy ocupado en querer desesperadamente la imagen del amado perdido. La languidez y el amor se funden en dolor puro.*

Destaquemos aquí que la representación del ser desaparecido está tan fuertemente cargada de afecto, tan sobreestimada, que termina no sólo por devorar una parte del yo, sino también por volverse ajena al resto del yo, es decir inconciliable con las otras representaciones que han sido desinvestidas. Si pensamos ahora en el duelo que seguirá a la muerte del amado, veremos que el proceso del duelo sigue un movimiento inverso al de la reacción defensiva del yo. Mientras que esta reacción consiste en una sobreinvestidura de dicha representación, el trabajo del duelo es su desinvestidura progresiva. Hacer un duelo significa, en efecto, desinvestir poco a poco la representación saturada del amado perdido para volverla nuevamente conciliable con el conjunto de la red de las representaciones yoicas. El duelo no es otra cosa que una muy lenta redistribución de la energía psíquica hasta entonces concentrada en una sola representación que era dominante y ajena al yo.

Por consiguiente, se comprende que si este trabajo de desinvestidura que debe seguir a la muerte del otro no se cumple, y si el yo permanece

> *El duelo patológico consiste en una omnipresencia psíquica del otro muerto.*

entonces cristalizado en una representación coagulada, el duelo se eterniza en un estado crónico que paraliza la vida de la persona en estado de duelo durante varios años, incluso durante toda su existencia. Pienso en ese analizante que, habiendo perdido muy joven a su madre y padeciendo de un duelo inconcluso, me confiaba: "Una parte de ella está desesperadamente viva en mí, y una parte de mí está para siempre muerta con ella". Estas palabras de una cruel lucidez revelan a un ser desdoblado y desarraigado por un dolor antiguo y solapado. ¿Cómo no evocar aquí los rostros retorcidos y los cuerpos extrañamente atormentados que habitan los lienzos de ese pintor del dolor que es Francis Bacon?

*

Aquello que hace daño no es la pérdida del ser amado, sino el hecho de seguir amándolo más intensamente que antes cuando lo sabemos irremediablemente perdido

Por lo tanto, tenemos un yo disociado entre dos estados: por un lado concentrado y contraído en un punto, el de la imagen del otro desaparecido con la cual se identifica casi totalmente, y por el otro empobrecido y exangüe. Recordemos a Clémence, acosada por las imágenes obsesionantes de su bebé muerto, y vaciada de toda sustancia. Sin embargo, hay otra disociación, más dolorosa aún, otra razón para el dolor de amar. El yo está despedazado entre su amor desmesurado por la efigie del objeto perdido, y la comprobación lúcida de la ausencia real de dicho objeto. El desgarramiento no se sitúa ya entre contracción y vaciamiento, sino entre contracción —es decir amor excesivo por una imagen— y reconocimien-

Entre el enceguecimiento del amor y la claridad del saber, elijo la opacidad del amor que aplaca mi dolor.

to agudo del carácter irremediable de la pérdida. El yo ama al objeto que sigue viviendo en su psiquismo, y lo ama como nunca antes lo había amado, y, al mismo tiempo, sabe que ese objeto ya no volverá. Lo que hace daño no es el hecho de perder a quien amamos, sino el hecho de seguir amándolo más intensamente aún que nunca antes, cuando lo sabemos irremediablemente perdido. Amor y saber entran en disyunción. El yo queda despedazado entre un amor que hace revivir al ser desaparecido, y el saber de una ausencia indiscutible. Esta hiancia entre la presencia viviente del otro en mí y su ausencia real es un clivaje tan insoportable que tendemos a menudo a reducirlo, no moderando el amor, sino negando su ausencia, rebelándonos contra la realidad de la falta y rechazando aceptar la desaparición definitiva del amado.

Semejante rebelión contra la suerte, tal negación de la pérdida es a veces tan tenaz que la persona en estado de duelo roza la locura. El rechazo del carácter irremediable de la pérdida o, lo que es lo mismo, el carácter indiscutible de la ausencia en la realidad, confina a la locura pero atempera el dolor. Una vez aplacados esos momentos de rebelión, el dolor reaparece tan vivo como antes. Frente a la muerte súbita de un ser querido, sucede frecuentemente que la persona que atraviesa un duelo se lance en búsqueda de los signos y lugares asociados al difunto y, a veces, contra toda razón, imagine poder hacerlo revivir y reencontrarlo. Pienso en esa paciente que oía los pasos de su marido muerto subiendo la escalera. O incluso en esa madre que veía con extrema agudeza a su hijo recién desaparecido sentado a su mesa de trabajo. Durante tales alucinaciones, el doliente vive con una certidumbre inquebrantable el retorno del difunto y transforma su pena en convicción delirante. Se comprende así que la supremacía del amor sobre el saber conduzca a crear una nueva realidad, una realidad alucinada donde el amado desaparecido vuelve bajo la forma de un fantasma.

El fantasma del amado desaparecido

Inspirándonos en el fenómeno del *miembro fantasma*, tan conocido por los neurólogos, llamamos a esta alucinación de la persona en estado de duelo "fenómeno del amado fantasma". Pero, ¿por qué este calificativo de "fantasma"? Recordemos que la alucinación del miembro fantasma es una perturbación que afecta a una persona amputada de un brazo o de una pierna. Siente de manera tan vívida sensaciones procedentes del miembro desaparecido que, a su entender, éste aún existe. Análogamente, la persona en estado de duelo puede percibir, con todos sus sentidos y con una absoluta convicción, la presencia viva del difunto. Para comprender esta asombrosa similitud de reacciones alucinatorias frente a dos pérdidas de naturaleza tan diferente —la de un brazo y la de un ser amado— proponemos la hipótesis siguiente. Precisemos en primer lugar que el yo funciona como un espejo psíquico compuesto de una miríada de imágenes, cada una de ellas reflectora de tal parte de nuestro cuerpo o de tal aspecto de los seres o de las cosas a las que estamos afectivamente unidos. Cuando perdemos un brazo, por ejemplo, o un ser querido, la imagen psíquica (o representación) de este objeto perdido está fuertemente sobreinvestida por compensación. Ahora bien, hemos visto que tal sobreinvestidura afectiva de la imagen genera dolor. Pero el grado superior de esta sobreinvestidura provocará otra cosa que dolor: entrañará la alucinación de la cosa perdida cuya imagen es

La persona amada es para mí tan esencial como una pierna o un brazo. Su desaparición es tan revulsiva que el yo resucita al amado bajo la forma de un aparecido.

el reflejo. En efecto, la alucinación de las sensaciones fantasmas procedentes del brazo amputado, o la alucinación de la presencia fantasma de un marido desaparecido se explicarían ambas por una sobreinvestidura tan desproporcionada de la imagen de esos objetos perdidos que ésta termina por ser eyectada fuera del yo. Y es allí, fuera del yo, en lo real, donde la representación reaparecerá bajo la forma de un fantasma. Diremos entonces que la representación ha sido forcluida, es decir sobrecargada, expulsada y alucinada. El fenómeno del miembro fantasma o del amado fantasma no se explica pues ya por medio de una simple negación de la pérdida del objeto amado —brazo amputado o ser desaparecido—, sino por medio de la forclusión de la representación mental de dicho objeto *(Fig. 1)*.

Pero la sorprendente afinidad entre estas dos alucinaciones fantasmáticas muestra también hasta qué punto la persona amada es, en rigor de verdad, un órgano interno del yo tan esencial como pueden serlo una pierna o un brazo. No puedo más que alucinar esa cosa esencial cuya privación perturba el funcionamiento normal de mi psiquismo.

*

Justamente, es hora de retomar nuestras interrogaciones sobre las particularidades del otro amado cuyo duelo tenemos que hacer. En efecto, entre todos aquellos que amamos, ¿cuáles son los pocos seres a los que consideramos irreemplazables y cuya pérdida súbita provocaría dolor? ¿Quién es ese otro elegido que hace que yo sea lo que soy y sin el cual ya no sería más el mismo? ¿Qué lugar ocupa en el seno de mi psiquismo para que me resulte tan esencial? ¿Cómo nombrar ese

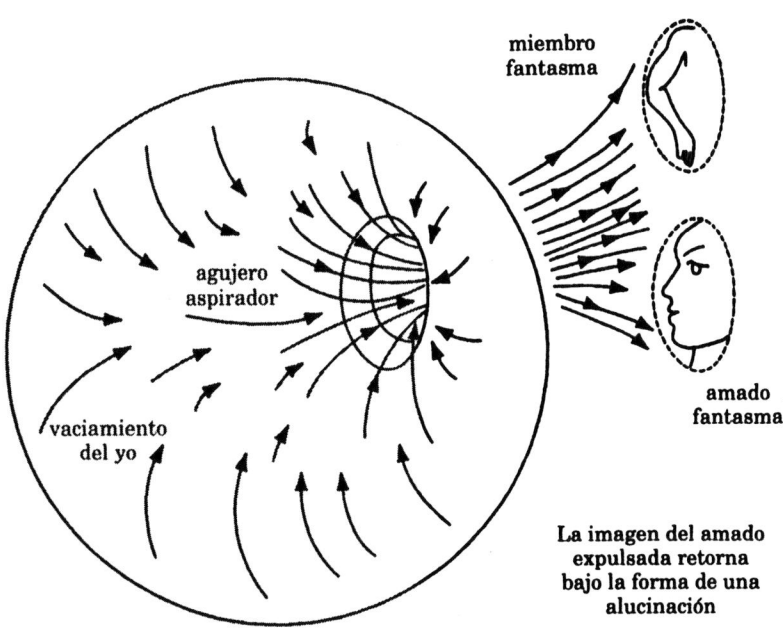

Figura 1
*Explicación del fenómeno del "miembro fantasma"
y del "amado fantasma"*

La imagen psíquica de un brazo amputado ha sido tan sobreinvestida que termina por ser proyectada por fuera del yo y percibida por el sujeto como un brazo alucinado. Su expulsión deja en el psiquismo un agujero aspirador por donde fluye la energía del yo hasta el vaciamiento. Pensamos que este mecanismo de la expulsión de la imagen del objeto perdido y su reaparición en lo real explica la alucinación del *miembro fantasma*. Este mecanismo, que no es otro que la forclusión, explicaría también la perturbación de algunas personas en estado de duelo que alucinan al difunto y lo ven como si estuviera siempre vivo. Denominamos a este fenómeno alucinación del *amado fantasma*.
En ambos casos, el objeto perdido —el brazo amputado o el muerto— sigue viviendo en la realidad para el yo.

lazo que me une a él? Con todos estos interrogantes, querríamos finalmente elucidar ese vínculo misterioso, el del amor, que nos une al otro elegido. Las respuestas a estas interrogaciones van a conducirnos a una nueva definición del dolor.

El amado cuyo duelo debo hacer es aquel que me satisface a medias, hace tolerable mi insatisfacción y resitúa mi deseo

Para saber quién es ese otro elegido, su papel esencial en el interior del inconsciente y el dolor que su desaparición entraña, tenemos que volver por un momento al funcionamiento ordinario del sistema psíquico. Lo abordaremos esta vez desde un punto de vista particular. Sabemos que este sistema está regido por el principio de displacer/placer que plantea la premisa según la cual el psiquismo está sometido constantemente a una tensión que trata de descargar sin conseguirlo jamás por completo. Mientras que el estado permanente de tensión se denomina "displacer", la descarga incompleta y parcial de tensión se llama "placer", placer parcial. Pues bien, en su funcionamiento normal, el psiquismo sigue estando fuertemente sometido al displacer, es decir a una tensión displacentera, ya que nunca hay descarga completa. Cambiemos ahora nuestra formulación y, en lugar de emplear las palabras "tensión" y "displacer", utilicemos la de "deseo". Pues, ¿qué es el deseo sino esta misma tensión displacentera vista en movimiento, totalmente orientada hacia una meta ideal, la de conseguir un placer absoluto, es decir la descarga total? Por ende, diremos que la situación ordinaria del sistema inconsciente se define por el estado tolerable de insatisfacción de un deseo[2] que no logra jamás realizarse totalmente. Empero, enunciar que la tensión psíquica sigue siempre viva, penosa incluso, que el displacer domina o que nuestros deseos siguen insatisfechos, no expresa en modo alguno una visión pesimista del hombre. Por el contrario, este enunciado equivale a declarar que, a lo largo de toda nuestra existencia, estaremos, por suerte, en estado de falta. Digo por suerte porque esa falta, hueco siempre futuro que aguijonea al deseo, es sinónimo de vida.

Si tuviéramos que figurarnos espacialmente esta parte de insatisfacción que aspira al deseo, no la imaginaríamos como un tramo de una ruta recta que aún nos queda por recorrer para acceder por fin a la meta mítica de un goce pleno. No, la insatisfacción no es la parte incumplida del trayecto del deseo hacia la satisfacción absoluta. Es muy de otro modo que les pido que se la representen. Les propongo imaginarla más bien bajo la forma de un agujero. De un agujero situado en el corazón mismo de nuestro ser y alrededor del cual gravitarían nuestros deseos. El hueco futuro no está delante de nosotros sino en nosotros. El trayecto del deseo no describe pues una línea recta tendida hacia el horizonte, sino una espiral giratoria en torno de un vacío central que atrae y anima el movimiento circular del deseo. Por consiguiente, declarar que nuestros deseos están insatisfechos significa, espacialmente hablando, que siguen el movimiento centrípeto de un flujo que circunscribe una falta irreductible.

Queda claro que la falta no es solamente un vacío que aspira al deseo; es, más aún, un polo organizador del deseo. Sin falta, quiero decir sin ese núcleo de atracción que es la insatisfacción, el vuelo circular del deseo se enloquecería y no habría entonces sino dolor. Digámoslo de otro modo. Si la insatisfacción es vívida pero resulta soportable, el deseo persiste activo y el sistema psíquico sigue estable. Si, en cambio, la satisfacción es demasiado desbordante o la insatisfacción, desmesurada, el deseo pierde su eje y sobreviene el dolor. Volvemos a encontrar aquí la hipótesis que impregna nuestro texto, a saber que el dolor expresa la turbulencia de las pulsiones en el campo del ello.

Por tanto, cierto grado de insatisfacción es vital para conservar nuestra consistencia psíquica. Pero, ¿cómo preservar esta falta esencial? Y más aún, al ser necesaria tal falta, ¿cómo mantenerla en los límites de lo soportable? Es allí justamente donde interviene nuestro *partenaire*, el ser de nuestro amor, porque es él quien juega el papel de objeto insatisfactorio de mi deseo y, por lo mismo, de polo organizador de tal deseo. Como si el agujero de la insatisfacción interno estuviera ocupado por el otro elegido desde afuera; como si la falta fuera finalmente un lugar vacante sucesivamente ocupado por los pocos seres o cosas externas que consideramos irreemplazables y cuyo duelo deberíamos hacer si se vieran llevados a la desaparición.

Nuestro elegido nos es indispensable porque nos asegura la indispensable satisfacción.

Sin embargo, ¿cómo aceptar que mi *partenaire* pueda tener esta función castradora de limitar mi satisfacción? Sin duda ese papel restrictivo del ser amado puede desconcertar, porque normalmente atribuimos a nuestro *partenaire* el poder de satisfacer nuestros deseos y de procurarnos placer. Vivimos en la ilusión, verificada en parte, de que nos da más de lo que nos priva. Pero su función, en el interior de nuestro inconsciente, es muy diferente: nos asegura la consistencia psíquica por medio de la insatisfacción que hace surgir y no por la satisfacción que nos procura. Nuestro *partenaire*, el ser de nuestro amor, nos insatisface porque, al excitar nuestro deseo, no puede —en última instancia, ¿tendría los límites?— no quiere satisfacernos plenamente. Como es humano, no puede y, al ser neurótico, no quiere. Es decir que es a la vez un excitante de mi deseo y el objeto que sólo lo satisface parcialmente. Sabe excitarme, procurarme un goce parcial y, con ello, dejarme insatisfecho. Así crece esta insatisfacción que me es necesaria para vivir y que resitúa mi deseo.

Pero, fuera del *partenaire* amoroso, ¿hay otros objetos elegidos tales que podrían asegurar esta función de recentramiento de mi deseo? Sí, como por ejemplo ese objeto que es el amor en sí, el amor en sí mismo que me dirige mi *partenaire*; o incluso el amor que le tengo a mi propia imagen nutrida por el reconocimiento del prójimo, tal como el honor o una posición social. El objeto del deseo puede ser así mi integridad corporal, que debo preservar por encima de todo. Incluso sucede que el objeto sea una cosa material tan personal como nuestro cuerpo, como la tierra natal o la casa de los ancestros. Todos estos son objetos elegidos y, al mismo tiempo, tan internos, tan íntimos, tan intrínsecamente ordenadores del movimiento de nuestro deseo, que vivimos sin percibir la solidez de su anclaje en el inconsciente. Sólo cuando estamos amenazados de perderlos, o después de haberlos perdido, su ausencia revela dolorosamente la profundidad de su arraigamiento. Sólo en esa retroactividad, mucho más tarde, sabemos si el ser, la cosa o el valor desaparecidos eran o no elegidos para nosotros.

En efecto, cuando planea la *amenaza* de perder a uno de esos objetos considerados irreemplazables, lo que surge es angustia; y surge en el yo. Si, en cambio, uno de esos objetos se ve llevado a desaparecer *súbitamente*, sin amenaza previa, es

La angustia es una formación del yo mientras que el dolor es una formación del ello.

el dolor lo que se impone; y emana del ello. He de sufrir el dolor en el ello, si pierdo brutalmente a la persona amada (duelo), su amor (abandono), el amor que tengo por la imagen de mí mismo (humillación) o aun la integridad de mi cuerpo (mutilación). El *duelo*, el *abandono*, la *humillación* y la *mutilación* son las cuatro circunstancias que, de ser súbitas, desencadenan el dolor psíquico o el dolor de amar.

Pero quedémonos en el caso ejemplar en el que el objeto del deseo es la persona amada cuya pérdida suscita el dolor del duelo. Justamente, ¿qué perdemos cuando perdemos al ser a quien amamos? Más simplemente: ¿quién es el otro amado?

El amor es la presencia fantasmatizada del amado en mi inconsciente

Si me apresuran para que diga por qué lo amaba, siento que no puede expresarse más que respondiendo: "Porque era él; porque era yo."
Montaigne

Estas líneas de Montaigne están extraídas de un muy buen texto sobre la amistad escrito poco después de la muerte de su amigo más querido, La Boétie. Entre las numerosas amistades que han alimentado su alma, distingue únicamente aquella que lo une indisolublemente a su compañero. Amistad tan poderosa que todas las marcas de sus diferencias se han esfumado en una mezcla universal. Y además, al intentar responder al porqué de tal amor excepcional por el amigo elegido recién desaparecido, Montaigne escribe esta frase rotunda por su belleza y pudor: "¿Por qué lo amaba? Porque era él; porque era yo". El amor es pues un misterio impenetrable del que hay que cuidarse de dar explicaciones y que sólo puede ser comprobado.

Otro escritor adopta una reserva parecida ante el enigma del apego a la persona elegida. En efecto, en *Duelo y melancolía*, Freud habla del amor al hablar de la muerte. Observa que la persona en estado de duelo ignora el valor intrínseco del amado desaparecido: la persona en estado de duelo sabe a **quién** ha perdido, pero no sabe qué es **lo que** ha perdido al perder a su amado." Gracias a este "lo" impersonal, Freud subraya hasta qué punto el ser a quien más amamos es en primer lugar una instancia psíquica y hasta dónde esta instancia es diferente de la persona concreta. El amado es sin duda una persona, pero es, en primer lugar y por sobre todo, esa parte ignorada e inconsciente de nosotros mismos que se desmoronará si la persona desaparece. Más recientemente, Lacan, confrontado a su vez con el misterio del lazo amoroso, inventa su "objeto *a*". Pues es precisamente con la expresión "objeto *a*" como simboliza el misterio, sin por ello resolverlo. El "*a*" no es al fin de cuentas sino un nombre para designar lo que ignoramos, es decir esa presencia inasible del otro amado en nosotros, esa cosa que perdemos cuando la persona elegida desaparece definitivamente de la realidad exterior.

He aquí justamente la cuestión decisiva, una cuestión tanto más irresuelta cuanto que es insoslayable. ¿En qué consiste el "lo" que se pierde cuando perdemos a la persona elegida? ¿Qué es lo que une a dos seres para que uno de ellos sufra tan profundamente con el fin súbito del otro? De modo

que, en lo inmediato, nuestro problema ya no es el
del dolor, sino el del amor. Es por cierto el amor lo
que nos interesa ahora porque, al dilucidar de la
mejor manera posible su naturaleza, llegaremos
a una nueva definición psicoanalítica del dolor.

¿Quién es pues aquel a quien amo y a quien
considero como único e irreemplazable? Es un ser
mixto, compuesto a la vez por esta persona viviente y definida que se encuentra ante mí y por
su doble modalidad de alojarse en mi interior.

Para comprender mejor cómo tal ser se vuelve
mi elegido, descompongamos en dos etapas el
proceso del amor por medio del cual transformamos a otro externo en un doble interno.

• Imaginemos a una persona que nos seduce,
es decir que despierta y capta la fuerza de nuestro deseo.

• Progresivamente, respondemos y nos aferramos a esa persona hasta incorporarla y hacer
de ella una parte de nosotros mismos. Insensiblemente, la recubrimos como una hiedra recubre
un muro. La envolvemos con una multitud de
imágenes superpuestas, cada una de ellas cargada de amor, de odio o de angustia, y la fijamos
inconscientemente a través de una multitud de
representaciones simbólicas, cada una de ellas
vinculada a un aspecto de la persona que nos ha
marcado.[3] Toda esa hiedra germinada en mi
psiquismo, nutrida por la savia en bruto de la
irrupción del deseo, todo ese conjunto de imágenes y de significantes que enlaza a mi ser con la
persona viva del amado hasta transformarlo en
doble interno, es lo que denominamos "fantasma", fantasma del elegido. Sé que, comúnmente,
esta palabra, "fantasma", es equívoca, ya que

El fantasma es la presencia real, simbólica e imaginaria del amado en el inconsciente. Su función es la de regular la intensidad de la fuerza del deseo.

remite a la idea vaga de ensueño o de libreto conscientemente imaginado. Sin embargo, el concepto psicoanalítico de fantasma que elaboramos aquí para comprender mejor el dolor es extremadamente preciso. El fantasma es el nombre que le adjudicamos a la soldadura inconsciente del sujeto con la persona viviente del elegido. Esta soldadura operada en mi inconsciente es una aleación de imágenes y de significantes vivificada por la fuerza real del deseo que el amado suscita en mí, que yo suscito en él, que nos une.

Pero el fantasma del amado, a la par que es llevado por el vuelo pujante del deseo, tiene por función doblegar y domeñar esa irrupción. Al contener tal fuerza y al evitar que se dispare, impide al deseo conseguir la satisfacción absoluta. En consecuencia, el fantasma instala la insatisfacción y asegura la homeostasis del sistema inconsciente. Se comprende mejor ahora que la función protectora de la persona del amado es, en verdad, la función protectora del *fantasma* del amado. El fantasma es protector porque nos preserva del peligro que significaría una turbulencia desmesurada del deseo o su equivalente, el caos pulsional.

En suma, la persona amada ha cesado de ser solamente una instancia exterior para vivir también en el interior de nosotros como un objeto fantasmatizado que resitúa nuestro deseo al hacerlo insatisfecho en el límite de lo tolerable. El ser al que más amamos es, inevitablemente, el ser que más nos insatisface. La insatisfacción del deseo se traduce en la realidad cotidiana de la pareja por el descontento respecto del amado, de un amado a quien consideramos no sólo como el Otro del amor, sino también como el Otro de nuestras quejas, reproches y recriminaciones.

Así, el elegido existe por partida doble: por un lado fuera de nosotros, bajo la especie de un individuo viviente en el mundo, y por el otro, en nosotros, bajo la especie de una presencia fantasmatizada —imaginaria, simbólica y real— que regula el flujo imperativo del deseo y estructura el orden inconsciente. De las dos presencias, la viviente y la fantasmatizada, es la segunda la que predomina, ya que todos nuestros comportamientos, la mayor parte de nuestros juicios y el conjunto de los sentimientos que experimentamos respecto del amado están rigurosamente determinados por el fantasma. No captamos la realidad del elegido sino a través de la lupa deformante del fantasma.[4] Sólo lo miramos, lo escuchamos, lo sentimos o lo tocamos bajo la envoltura del velo tejido por las imágenes nacidas de la fusión compleja entre su imagen y la imagen de nosotros mismos. Velo tejido asimismo por las representaciones simbólicas inconscientes que delimitan estrictamente el marco de nuestro lazo de amor.

La persona del amado

Vamos a abocarnos inmediatamente a afinar los tres modos de presencia real, simbólica e imaginaria del elegido fantasmatizado en nuestro inconsciente. Pero antes, despejemos claramente el sentido de la expresión "persona del amado" que hemos empleado para designar la existencia exterior del elegido. Si bien es cierto que la existencia fantasmatizada del otro es más importante que su existencia exterior, la primera se nutre no obstante de la segunda, y mi fantasma inconsciente no puede expandirse sino cuando el otro está vivo. La persona viviente del elegido, en efecto, me resulta indispensable como un pedestal dotado de vida propia, en el que se basa y se expande el objeto fantasmatizado. Sin ese pedestal, sustrato de vida, nuestro fantasma se derrumbaría y el sistema inconsciente perdería su centro de gravedad. Entonces se produciría un inmenso desorden pulsional, que acarrearía angustia y dolor.

La persona del amado es a la vez el soporte animado de mis imágenes y un cuerpo acribillado de focos de irradiación de su deseo, que son a su vez focos de excitación para mi deseo.

Pero, ¿por qué es necesario que la persona del elegido esté viva para que haya fantasma? Por dos razones. En primer término, porque es un cuerpo activo y deseante de donde provienen las excitaciones que estimulan mi propio deseo, el cual carga, a su vez, el fantasma. Excitaciones que son los impactos en mí de las irradiaciones de su deseo. Y además, porque dicha persona es un cuerpo en movimiento, cuyo paso singular será proyectado en el interior de mi psiquismo como una imagen interiorizada que me remite a mis propias imágenes. Así, la persona del elegido me resulta absolutamente necesaria porque es una constelación radiante de fuentes de excitación que mantiene mi deseo y, más allá, el fantasma, y también porque es la silueta viva a partir de la cual se imprime en mi inconsciente la silueta del otro elegido.

Ahora bien, si el cuerpo del elegido es para mi fantasma un archipiélago de focos de excitación de mi deseo y el soporte viviente de mis imágenes, ¿qué soy yo, yo y mi cuerpo, para su fantasma? Justamente la metáfora de la hiedra es muy ilustrativa, dado que la hiedra es una planta viviente que no sólo se arrastra y trepa, sino que se aferra con sus zarcillos a lugares muy particulares de la piedra, en sus grietas y rajaduras. Análogamente, mi apego al otro elegido, transformado en mi objeto fantasmatizado, es una soldadura que no prende en cualquier lugar, sino muy exactamente en los orificios erógenos del cuerpo, allí donde él mismo irradia su deseo y me excita sin por ello conseguir satisfacerme. Y, recíprocamente, es en mi cuerpo, en los puntos de emisión de mi propio deseo, donde se fijará su fantasma. Admitirán ustedes pues que mi propio fantasma anudará un lazo tanto más poderoso si, a mi vez, yo soy la persona viviente en la que se ha construido su fantasma, si tan luego yo me he vuelto el regulador de su insatisfacción. En otros términos, mi fantasma será un nudo tanto más estrecho cuanto que yo soy para el otro lo que él es para mí: el *elegido fantasmatizado*.

Por consiguiente, hay que saber que cuando amamos, amamos siempre a un ser híbrido, constituido a la vez por la persona exterior que tratamos por fuera, y por su presencia fantasmatizada e inconsciente en nosotros. Y, recíprocamente, nosotros somos para él el mismo ser mixto hecho de carne y de inconsciente. He aquí por qué les hablo del fantasma. Es para comprender mejor que sólo sufriré el dolor de la desaparición del que ha sido para mí lo que yo he sido para él: el elegido fantasmatizado.

Ahora, nos interesa separar los tres modos de presencia fantasmatizada del elegido para discernir lo mejor posible ese "lo" desconocido que perdemos cuando desaparece su persona.

La presencia real
del amado en mi inconsciente: una fuerza

El estatuto fantasmatizado del amado toma pues tres formas diferentes que corresponden a las tres dimensiones lacanianas de lo *real*, lo *simbólico* y lo *imaginario*. De las tres, es la presencia *real* del otro en el inconsciente la que plantea más dificultades conceptuales, porque el calificativo de "real" puede hacer creer que se refiere simplemente a la realidad de la persona del elegido. Ahora bien, "real" no designa a una persona sino a lo que, de esa persona, despierta en mi inconsciente una fuerza que hace que yo sea el que soy y sin la cual no sería consistente. Lo real es lisa y llanamente la vida en el otro, la fuerza de vida que anima y atraviesa su cuerpo. Es muy difícil distinguir nítidamente esta fuerza que emana del cuerpo y del inconsciente del elegido, mientras está vivo y me excita, de esa otra fuerza en mí que arma mi inconsciente. Muy difícil, en la medida en que esas fuerzas no son en verdad sino una sola, e incluso la columna energética, un eje vital e impersonal que no pertenece a ninguno de los dos *partenaires*. Difícil también porque esa fuerza única no tiene ningún símbolo ni representación que pueda significarla. Ese es el sentido del concepto lacaniano de lo "real". Lo real es lo irrepresentable, la energía que asegura a la vez la consistencia psíquica de cada uno de los dos *partenaires* y de su lazo común de amor. Por último, si tuviéramos que condensar en una palabra qué es el otro *real*, diríamos que es esa fuerza imperativa y desconocida que da cuerpo a nuestro lazo y a nuestro inconsciente. El otro real no es pues la persona exterior del otro, sino la parte de energía pura, impersonal, que anima su persona. Parte que es también, porque estamos unidos, mi propia parte impersonal, nuestro real común. Sin embargo, para que el otro real exista, para que haya esa fuerza real que no pertenece ni a uno ni al otro, hace falta aún que los cuerpos de ambos estén vivos y estremecidos de deseo.

La presencia real del elegido es una fuerza, y su presencia simbólica, el ritmo de esta fuerza.

La presencia simbólica del amado en mi inconsciente: un ritmo

Pero si el estatuto real del elegido es ser una fuerza extraña que enlaza cual un puente de energía a los dos *partenaires* y arma nuestro inconsciente, el estatuto *simbólico* del elegido es ser el *ritmo* de esta fuerza. Sin duda, no hay que imaginarse la irrupción del deseo como un vuelo enceguecido y masivo, sino como un movimiento centrípeto y ritmado por una sucesión más o menos regular de aumentos y de caídas de tensión. Nuestro deseo no es un real puro, sino una fuerza regulada por un ritmo preciso y definido que la hace singular. Ahora bien, ¿qué es el ritmo, sino una estructura simbólica organizada como una serie de tiempos fuertes y tiempos débiles repetidos a intervalos regulares? El ritmo es, en efecto, la expresión simbólica más primitiva del deseo, incluso de la vida, ya que al comienzo la vida no es sino energía palpitante. La fuerza de impulsión deseante es real porque es en sí irrepresentable, pero las variaciones rítmicas de esta fuerza son simbólicas porque son, en cambio, representables. Representables como una alternancia de intensidades fuertes y débiles, de acuerdo con un trazado de picos y caídas.

Ahora bien, formulemos la hipótesis de que la presencia *simbólica* del otro en nuestro inconsciente es un *ritmo*, un acorde armonioso entre su poder excitante y mi respuesta, entre su papel de objeto y la insatisfacción que siento. Si considero que el elegido es irreemplazable, es porque mi deseo se ha modelado progresivamente a las sinuosidades del flujo vibrante de su propio deseo. Es considerado como insustituible porque ningún otro podría amoldarse tan finamente al ritmo de mi deseo. Como si el elegido fuera ante

Si la persona del amado ya no está, falta entonces la excitación que escandía el ritmo de mi deseo.

todo un cuerpo que paulatinamente se aproximara, se posicionara y se ajustara a los latidos de mi ritmo. Como si las pulsaciones de su sensibilidad danzaran con la misma cadencia que mis propias pulsaciones, y como si nuestros cuerpos se excitaran mutuamente. Así, la cadencia de su deseo se armoniza con mi propia cadencia, y cada una de las variaciones de su tensión responde en eco a cada una de las mías. Algunas veces el encuentro es suave y progresivo; otras, violento e inmediato. Si bien es cierto, empero, que los intercambios erógenos pueden ser armoniosos, las satisfacciones que resultan de ellos no dejan de ser, para cada uno de los *partenaires*, satisfacciones siempre singulares, parciales y discordantes. Discordantes porque se obtienen en momentos diferentes y con intensidades desiguales. Hay armonía en la excitación y desarmonías en la satisfacción.

Queda claro que mi otro elegido no es sólo la persona que tengo frente a mí, como tampoco una fuerza, un excitante, o incluso un objeto de insatisfacción; es todo eso a la vez, condensado en el ritmo de vida de nuestro lazo amoroso. Ahora bien, cuando ya no está, cuando el resplandor de su ser viviente y deseante ya no está, y cuando mi deseo se ve privado de las excitaciones que él sabía despertar tan bien, pierdo por cierto una infinidad de riquezas, pero pierdo sobre todo el armazón de mi deseo, es decir su escansión y su ritmo.

La presencia simbólica del elegido es un ritmo, más exactamente la medida de acuerdo con la cual se regula el ritmo de mi deseo.

Por lo tanto, la presencia simbólica del amado en el interior de mi inconsciente se traduce por la cadencia con la cual debe regularse el ritmo de mi deseo. En una palabra, *el otro simbólico es un ritmo*, o incluso una medida o, mejor aún, el metrónomo psíquico que fija el *tempo* de mi cadencia deseante.

Esta manera que tenemos de concebir el estatuto simbólico del elegido es una reinterpretación del concepto freudiano de represión considerada como la barrera que pone dique al desborde de las tendencias deseantes. Es también una reinterpretación del concepto lacaniano del significante del Nombre-del-padre considerado como el límite que encuadra y otorga consistencia al sistema simbólico. Ya se trate de la represión freudiana o del significante lacaniano del Nombre-del-padre, siempre se trata de un elemento canalizador de las fuerzas del deseo y ordenador de un sistema. Pero justamente, el ser elegido, definido como un metrónomo psíquico, cumple esta función simbólica de constreñir el deseo a seguir el ritmo de nuestro lazo. Por consiguiente, diremos que el elegido, dueño de la medida impuesta a mi deseo, me impide enloquecerme al restringir mi goce. Me protege y me vuelve insatisfecho. El elegido simbólico es, en definitiva, una figura de la represión y la figura más ejemplar del significante del Nombre-del-padre.

La presencia imaginaria del amado en mi inconsciente: un espejo interior

La presencia imaginaria del elegido en nuestro inconsciente se resume a ser el espejo interior que nos devuelve nuestras propias imágenes.

La persona del amado en tanto cuerpo viviente no es sólo fuente de excitación de mi deseo; también es —lo hemos señalado— la silueta animada que será proyectada en mi psiquismo bajo la forma de una imagen interna. El cuerpo del otro se duplica así con una imagen interiorizada. Es precisamente esta imagen interna del amado en mí lo que identificamos como su presencia imaginaria en el inconsciente.

El otro imaginario es por lo tanto simplemente una imagen, pero una imagen que tiene la particularidad de ser en sí misma una superficie pulida en la cual se reflejan permanentemente mis propias imágenes. Capto las imágenes de mí mismo, reflejadas en ese espejo que es la imagen interiorizada del elegido. Así, esta última tiene el poder de ser simultáneamente imagen del otro y espejo de las mías.

La imagen de mi amado, la que tengo en el inconsciente, no brillará con todo su esplendor, no me devolverá mis imágenes y no suscitará afectos sino cuando encuentra apoyo en el cuerpo viviente del amado. Mi amado debe estar vivo para que el espejo que lo duplica en el inconsciente pueda reflejar imágenes lo suficientemente vivaces como para producir sentimientos. Justamente, las imágenes adquieren esta vivacidad gracias al impulso activo y ritmado del deseo directamente vinculado a la vida del cuerpo del amado. Es la fuerza del deseo la que carga las imágenes de energía, las hace ondular como reflejos en la superficie del agua y las hace capaces de crear sentimientos.

Pero, ¿cuáles son las principales imágenes de mí mismo que me devuelve ese espejo interior? Son imágenes que, no bien percibidas, originan inmediatamente un afecto. A veces percibimos una imagen exaltante de nosotros mismos que refuerza nuestro amor narcisista; otras, una imagen decepcionante que alimenta el odio a nosotros mismos; y, a menudo, una imagen de sometimiento y de dependencia del amado que provoca nuestra angustia.

Me interesa hacer aún dos observaciones finales sobre el estatuto imaginario del otro amado. El espejo psíquico que es la imagen del elegido en mi inconsciente no debe ser pensado como la superficie lisa de un espejo, sino como un espejo desmembrado en pequeños fragmentos móviles

El yo se ama, se odia o se angustia cuando percibe su propia imagen devuelta por el espejo interior. No bien el yo capta su imagen, experimenta, instantáneamente, un sentimiento de amor, de odio o de angustia.

de vidrio en los que se reflejan, confundidas, imágenes del otro e imágenes de mí. Semejante alegoría caleidoscópica tiene la ventaja de mostrarnos que la imagen inconsciente que tenemos del elegido es un espejo fragmentado y que las imágenes que se reflejan en él siempre son parciales y móviles. Pero esta metáfora tiene, con todo, el defecto de sugerirnos que la presencia imaginaria del otro sería totalmente visual, mientras que bien sabemos que una imagen puede ser tanto olfativa, como auditiva, táctil o cinestésica.

Amar es también idealizar al elegido.

La segunda observación se refiere al marco de la imagen inconsciente del amado, es decir la manera como imaginamos al amado, ya no según nuestros afectos sino según nuestros valores. Pienso en los diversos ideales que, sin saber aún, atribuimos a la persona del elegido. Anclamos y desarrollamos nuestro vínculo conservando en el horizonte estos ideales implícitos. Ideales muchas veces exagerados, incluso infantiles, constantemente reajustados por las limitaciones inherentes a las necesidades (cuerpo), a la demanda (neurosis) y al deseo del otro. Ahora bien, ¿cuáles son esos ideales situados en el cruce de lo simbólico y lo imaginario? He aquí los principales:

• Mi elegido debe ser único e irreemplazable.
• Debe permanecer invariable, es decir no cambiar jamás, a menos que lo cambiemos nosotros mismos.
• Debe sobrevivir, inalterado, a la pasión de nuestro amor o de nuestro odio destructor.
• Debe depender de nuestro amor, dejarse poseer y mostrarse siempre disponible para satisfacer nuestros caprichos.
• Pero si también queda sometido, debe poder conservar su autonomía, pese a todo, para evitar estorbarme...

Estos ideales, comparables a los que guían la relación del niño pequeño con su objeto transicional, caracterizan la neurosis del amante y nos dan la medida de sus límites. Expectativas tan excesivas no pueden sino acentuar la distancia entre la satisfacción soñada del deseo y su insatisfacción efectiva.

*

No hemos podido evitar este largo rodeo para responder a nuestra pregunta sobre la presencia del amado en el inconsciente, y para comprender así lo que verdaderamente perdemos cuando desaparece su persona. El elegido es, ante todo, un fantasma que nos habita, regula la intensidad de nuestro deseo (insatisfacción) y nos estructura. No es solamente una persona, sino un fantasma construido con su imagen, espejo de nuestras imágenes (*imaginario*), atravesado por la fuerza del deseo (*real*), enmarcado por el ritmo de esa fuerza (*simbólico*), y apoyado en su cuerpo vivo (*real* una vez más), fuente de excitación de nuestro deseo y objeto de nuestras proyecciones imaginarias.

Sin embargo, aún hace falta comprender que este fantasma no es sólo la representación de lo que el amado es en nosotros; es también lo que nos sella inextricablemente a su persona viviente. No es sólo una formación intrasubjetiva, sino intersubjetiva. Digámoslo de otro modo: el amado es una parte de nosotros mismos que llamamos "fantasma inconsciente"; pero esa parte no está confinada en el interior de nuestra individualidad, sino que se extiende en el espacio del entre-dos y nos enlaza íntimamente a su ser. Recíprocamente, el amado está él mismo habitado por un fantasma que nos representa en su inconsciente y lo une a nuestro ser. Vemos en qué medida el fantasma es una formación psíquica única y común a los dos *partenaires*, y cuán inadecuado —aunque necesario— hubiera resultado hablar del fantasma de uno o del fantasma del otro, de "su" inconsciente, o del inconsciente "del otro". Esto es lo que nos interesaba decir: el fantasma, y de un modo más general el inconsciente que manifiesta, es una construcción psíquica, un edificio complejo que se levanta, invisible, en el espacio del entre-dos y descansa en las bases que son los cuerpos vivos de los *partenaires*. En consecuencia, cuando nos sucede que perdemos a la persona del elegido, el fantasma se desvanece y se desmorona como un edificio al que se le retiran los pilares. Es entonces cuando aparece el dolor.

Así, a la pregunta: ¿qué perdemos cuando perdemos a la persona del ser al que amamos?, respondemos: Al perder el cuerpo viviente del otro, perdemos una de las fuentes que nutren la fuerza del deseo sin por ello perder esa fuerza que, por el contrario, perdura, indestructible e inagotable, mientras hay vida en nosotros. También perdemos la figura animada que, como un apoyo, sostenía el espejo interior que reflejaba nuestras imágenes. Pero, al perder a la persona del amado, perdemos también el ritmo bajo el cual vibra la fuerza real del deseo. Perder el ritmo es perder al *otro simbólico*, el límite que vuelve consistente al inconsciente. En suma, al perder a quien amamos, perdemos una fuente nutricia, el objeto de nuestras proyecciones imaginarias y el ritmo de nuestro deseo común. Es decir que perdemos la cohesión y la textura de un fantasma indispensable para nuestra estructura.

El dolor del enloquecimiento pulsional

"*Ese enloquecimiento de la brújula interior.*"
Marcel Proust

Retomemos ahora nuestras definiciones del dolor. El dolor corporal se produce, como veremos, por una lesión situada en la periferia de nuestro ser, es decir en el cuerpo. Pero, de la misma manera que se cree, equivocadamente, que la sensación dolorosa debida a una herida del brazo se localiza en el brazo, se cree también, equivocadamente, que el dolor psíquico se debe a la pérdida de la persona del ser amado. Como si lo que doliera fuera su ausencia. Ahora bien, no es la ausencia del otro lo que duele, sino los efectos en mí de dicha ausencia. Yo no sufro por la falta del otro. Sufro porque la fuerza de mi deseo está privada del excitante que significaba la sensibilidad de su cuerpo vivo; porque el ritmo simbólico de esta fuerza está quebrado por la desaparición del *tempo* que escandían sus excitaciones; y además porque el espejo psíquico que reflejaba mis imágenes se ha desmoronado por falta del sostén viviente en que se había transformado su cuerpo. La lesión que provoca el dolor psíquico no es, por lo tanto, la desaparición física del ser amado, sino la perturbación interna engendrada por la desarticulación del fantasma del amado.

La pérdida del amado es una ruptura no afuera, sino en el interior de mí.

En las páginas que precedieron a nuestras consideraciones sobre la presencia fantasmatizada del elegido, habíamos definido el dolor como la reacción a la pérdida del objeto amado. Ahora podemos precisar mejor y proponer que el dolor es una reacción que tiene lugar no ante una pérdida, sea ésta la que fuere, sino ante la fractura del fantasma que nos unía al otro elegido. La verdadera causa del dolor no es, por lo tanto, la pérdida de la persona amada, es decir el retiro de esas bases que soportaban la construcción del fantasma, sino el desmoronamiento de dicha construcción. La pérdida es una causa desencadenante, y el derrumbamiento la única causa efectiva. Si perdemos a la persona del elegido, el fantasma se deshace y el sujeto sigue entonces entregado sin recurso a una tensión última del deseo, un deseo sin fantasma en el que apoyarse, un deseo en estado de errancia y sin ejes. Afirmar, entonces, que el dolor psíquico resulta del derrumbe del fantasma, es localizar su fuente no en el acontecimiento exterior de una pérdida fáctica, sino en el enfrentamiento del sujeto con su propio interior perturbado. El dolor es aquí una angustia que se me impone inexorablemente cuando descubro que mi deseo es un deseo desnudo, loco y sin objeto. Volvemos a encontrar, en consecuencia, bajo otra forma, una de las definiciones propuestas al comienzo de este capítulo. Decíamos que el dolor es el afecto que expresa la autopercepción por parte del yo de la conmoción que lo devasta cuando está privado del ser amado. Ahora que reconocemos la fractura del fantasma como el acontecimiento principal, intrasubjetivo, que sucede a la desaparición de la persona amada, podemos afirmar que *el dolor expresa el encuentro brutal e inmediato entre el sujeto y su propio deseo enloquecido.*

Es en ese instante de intensas agitaciones pulsionales cuando, como último recurso, nuestro yo intenta salvar la unidad de un fantasma que se derrumba concentrando toda la energía de la que dispone en una parcela de la imagen del otro desaparecido; imagen parcial, fragmento de imagen que se sobresaturará de afecto. Es allí donde el dolor, recién originado en un deseo tumultuoso, en lugar de reducirse, se intensifica. Algunos meses más tarde, una vez iniciado el trabajo del duelo, la hipertrofia de ese fragmento de imagen del desaparecido disminuye, y el dolor que se vinculaba con él se atenúa poco a poco.

*

Ya es hora de concluir. A través de las diversas hipótesis que les he presentado, he querido conducirlos insensiblemente por el mismo camino que me llevó a modificar mi punto de vista inicial sobre el dolor. He partido de la idea común de que el dolor es la sensación de una herida y de que el dolor *psíquico* es la herida del alma. Esta es la primera idea. Si me hubieran preguntado: ¿qué es el dolor psíquico?, habría respondido sin pensar demasiado: es la desazón de alguien que, al haber perdido a un ser querido, pierde una parte de sí mismo. Llegados a este punto, podemos responder mejor y decir: *el dolor es el desasosiego que experimentamos cuando, al haber perdido a un ser querido, nos encontramos frente a la más extrema tensión interna, confrontados con un deseo loco en el interior de nosotros mismos, con una suerte de locura del interior que dormita en nosotros hasta que una pérdida exterior no venga a arrancarle sus alaridos.*

*

Resumen de las causas del dolor psíquico

El dolor proviene de la pérdida de la persona del amado.

El dolor proviene de la fractura del fantasma que me une al amado.

El dolor proviene del desorden pulsional que reina en el ello, consecutivo a la ruptura del dique que era el fantasma.

El dolor proviene de la hipertrofia de una de las imágenes parciales del otro desaparecido.

*

Quisiera agregar una última palabra bajo la forma de una pregunta: ¿qué podemos hacer con esta teoría psicoanalítica del dolor que les propongo? Simplemente, me atrevo a decir: no hagamos nada. Dejémosla. Dejemos meditar a la teoría en nosotros. Dejémosla actuar sin saberlo nosotros. Si esta teoría del dolor, por más abstracta que sea, es realmente fecunda, tendrá quizás el poder de cambiar nuestra manera de escuchar al paciente que sufre o nuestro propio sufrimiento íntimo.

Recordemos la cura de Clémence en la que la intervención del psicoanalista se había situado en el cruce de la teoría y el inconsciente. Por su manera de acoger el sufrimiento, de concordar con él y de proponer las palabras decisivas que han mudado el dolor insoportable en dolor simbolizado, el psicoanalista ha actuado gracias a su saber teórico, pero también con su inconsciente. Al obrar así, por su saber sobre el dolor y su saber surgido de la transferencia, ha calmado el dolor al otorgarle un marco. Ha tomado el lugar del *otro simbólico* que, en el fantasma de Clémence, fijaba el ritmo de su deseo, ese otro a quien Clémence había perdido al perder a su bebé.

Ante el dolor de su paciente, el analista se vuelve un *otro simbólico* que imprime un ritmo al desorden pulsional para que, por fin, se calme el dolor.

*
* *

*Archipiélago
del dolor*

El inconsciente es un conservador del dolor. No lo olvida.

*

Dos tipos de dolores psíquicos

Hay dos modos de reaccionar dolorosamente frente a la pérdida del ser amado. Cuando estamos preparados para verlo partir porque está condenado por la enfermedad, por ejemplo, vivimos su muerte con una pena infinita pero representable. Como si el dolor del duelo fuera nombrado antes de aparecer, y el trabajo del duelo comenzara antes de la desaparición del amado. Por ende el dolor, aunque insoportable, sigue estando integrado en nuestro yo y se acomoda a él. Si, por el contrario, la pérdida del otro amado es súbita e imprevisible, el dolor se impone sin miramientos y trastorna todas las referencias de espacio, de tiempo y de identidad. Es absolutamente insoportable por su carácter de inasimilable por el yo. Si tuviéramos que designar cuál de estos dos sufrimientos merece cabalmente el nombre de dolor, elegiríamos el segundo. El dolor siempre lleva la marca de la inmediatez y de la imprevisiblidad.

*

¿Cómo se experimenta corporalmente el dolor psíquico?

En los primeros momentos, el dolor psíquico es vivido como un ataque aniquilador. El cuerpo pierde su armazón y se cae como un vestido cae de la percha. El dolor se traduce entonces como una sensación física de desagregación y no como estallido. Es un desmoronamiento mudo del cuerpo.

Ahora bien, los primeros recursos para contener tal derrumbe, y que tardan en acudir, son el grito y la palabra.

El antídoto más primitivo contra el dolor al que los hombres han apelado desde siempre es el grito, cuando puede emitirse. Y después hay palabras que resuenan en la cabeza, y que intentan armar un puente entre la realidad conocida antes de la pérdida y la realidad desconocida de hoy. Palabras que tratan de transformar el dolor difuso del cuerpo en un dolor recogido en el alma.

*

La verdadera causa del dolor está en el ello

El hombre sólo debe tener temor de sí mismo o, mejor aún, el hombre sólo ha de tener temor del ello, verdadera fuente del dolor.

*

El dolor procedente del ello es un extraño con el cual cohabitamos, pero que no asimilamos. El dolor está en nosotros, pero no es de nosotros.

*

Quien sufre confunde la causa desencadenante de su dolor con las causas profundas. Confunde la pérdida del otro amado con los trastornos pulsionales que entraña dicha pérdida. Cree que la razón de su dolor está en la desaparición del amado, cuando la verdadera causa no está afuera, sino adentro del yo, en sus basamentos, en el reino del ello.

*

No hay dolor sin el yo, pero el dolor no está en el yo, sino en el ello. Para que haya dolor, hacen falta tres gestos del yo: que atestigüe la irremediable realidad de la pérdida del amado, que perciba el terremoto pulsional levantado en el ello —verdadera fuente del dolor— y que traduzca esta endopercepción en sentimiento doloroso.

*

El dolor inconsciente

Muchas veces el paciente siente pena sin saber por qué está triste ni cuál es la pérdida que ha sufrido. En otras ocasiones, es habitado por el dolor sin siquiera saber que algo le duele. Es el caso del sujeto alcohólico que ignora cuán profundo es el dolor que yace en el origen de su sed compulsiva. Bebe para embriagar su yo y neutralizar así su capacidad de percepción de las turbulencias que tienen lugar en el ello. Las turbulencias pulsionales están allí, pero el yo anestesiado por el alcohol no consigue traducirlas en emoción dolorosa. Como si el alcohol tuviera el efecto de neutralizar la función del yo, traductor de la lengua del ello en lengua de los sentimientos conscientes.

*

Microtraumas y dolor inconsciente

Un trauma psíquico puede producirse por el choque brutal de la pérdida del ser amado, o bien por algún acontecimiento anodino que viene a añadirse a una larga serie de microtraumas no sentidos por el sujeto. Cada uno de estos traumas puntuales provoca un imperceptible dolor del que el sujeto no tiene conciencia. La acumulación progresiva de estos múltiples dolores crea tal estado de tensión que la menor chispa de un acontecimiento anodino basta para liberar el dolor hasta ese momento contenido y verlo estallar en forma consciente. El más mínimo acontecimiento desencadenante puede ser tanto exterior como interior al yo. Tal recuerdo o tal sueño insignificante puede aparecer en circunstancias tan precisas que libere un flujo salvaje de excitaciones internas que desbordan y hieren al yo. Este estado es entonces vivido bajo la forma de un dolor traumático.

*

¿Quién es el otro amado?

El amado es un excitante para nosotros, que nos hace creer que puede llevar la excitación a su punto límite. Nos excita, nos hace soñar y nos decepciona. Nuestro amado es nuestra falta.

El amado no es otro, sino una parte de nosotros mismos, que resitúa nuestro deseo.

*

La persona del amado

La persona del amado es como una *amalgama* en la que convergen todas nuestras pulsiones hasta cubrirla de innumerables capas de afectos.

*

Aquel a quien amo es quien me limita

La más singular representación de mi amado, la que será sobreinvestida no bien se produzca su desaparición, es la representación de lo que no puedo tener, pero también de lo que no quiero tener: la satisfacción absoluta. El amado representa un límite, representa mi límite. Así, no sólo el amado me da mi imagen, asegura la consistencia de mi realidad y hace tolerable mi insatisfacción, sino que representa también el freno a la desmesura de una satisfacción absoluta que no puedo soportar. En una palabra, el elegido —al que calificamos de amado, pero que puede ser por lo mismo odiado, temido o deseado— representa mi barrera protectora contra un goce que considero peligroso, aunque lo sepa inaccesible. Por su presencia real, imaginaria y simbólica, es, por fuera, aquello que la represión es adentro. Esta barrera viviente que me evita los goces extremos y me asegura una insatisfacción tolerable, no me impide por lo mismo soñar con el goce absoluto. Por el contrario, mi elegido nutre mis ilusiones y me incita a soñar.

Por consiguiente, se entiende por qué se sufre cuando el otro elegido desaparece. Con él desaparecen las insatisfacciones cotidianas y tolerables de mis deseos, y entonces me vuelvo insatisfacción completa o, lo que es lo mismo, satisfacción completa. Lo que la muerte del otro entraña esencialmente es la muerte de un límite. Por ende, el trabajo del duelo es la reconstrucción de un nuevo límite.

*

Mi fantasma del amado

El *fantasma* es una compleja ensambladura de imágenes y de significantes dispuestos en un anillo que gira alrededor del agujero de la insatisfacción. En el centro de ese agujero se yergue la persona viva del amado.

*

El fantasma que tengo de mi amado es la base de mi deseo. Si el amado muere, el fantasma se desmorona y el dolor se enloquece.

*

El fantasma que alimento respecto del otro amado puede ser tan invasor y exclusivo que me impida establecer nuevos lazos con otros nuevos elegidos, es decir crear nuevos fantasmas. Un ejemplo de fantasma invasor es el de la joven que, tras haber estado profundamente unida al padre, desarrolló un fantasma tan cristalizado que se le hizo imposible crear un nuevo lazo de amor con un hombre. Otro ejemplo de fantasma invasor es el del rencor inextirpable frente a un elegido que nos ha humillado. El elegido es aquí un elegido odiado y no amado.

*

Puede haber un fantasma del amado regulador de nuestro inconsciente sin que corresponda en la realidad a una persona precisa. Es el caso de un fantasma enfermo desmesuradamente desarrollado, a menudo invasor, y que se basta a sí mismo. La ilustración más sorprendente es el *duelo patológico*. La persona en estado de duelo sigue fantasmatizando a su elegido difunto como si se siguiera tratando de un ser vivo. Incluso se da el caso del *delirio erotomaníaco,* organizado en torno de un fantasma desarrollado de modo tan desproporcionado que hace existir artificialmente un lazo de amor en el cual el delirante se atribuye a sí mismo el papel del elegido respecto de una persona extraña.

*

El dolor es la certidumbre de lo irreparable

Cuando hay dolor como reacción frente a una pérdida, es porque el sujeto que padece considera que dicha pérdida es irreversible. Poco importa la verdadera naturaleza de la pérdida, ya sea real o imaginaria, definitiva o pasajera; lo que cuenta es la convicción absoluta con la cual el sujeto cree que su pérdida es irreparable. Una mujer puede vivir la partida de su amante con una inmensa desolación y considerarla como un abandono definitivo, cuando en realidad se demostró temporaria. Su dolor se origina en la certidumbre absoluta con la cual interpreta la ausencia de su amado como una ruptura sin retorno. Aquí no hay duda ni razón que atenúe: no hay nada más que certidumbre y dolor. El dolor permanece disociado de la certidumbre, y es incompatible con la duda. Por tanto, el sentimiento penoso que acompaña la duda no es el dolor sino la angustia. La angustia nace en la incertidumbre de un peligro temido; mientras que el dolor es la certidumbre de un mal ya acontecido.

*

El amado muerto es considerado insustituible

Digo que el elegido es "considerado" insustituible y no que lo sea. Somos nosotros los que le atribuimos el poder de ser único, tanto en vida como inmediatamente después de su desaparición. En vida de él, actuamos guiados por la convicción tácita de que es nuestro único elegido. Si desaparece, esta convicción se hace explícita y se convierte en una certidumbre dolorosa: nadie más podrá jamás reemplazarlo. Sin embargo, es cierto que con el tiempo, una vez terminado el duelo, otra persona vendrá a ocupar el lugar del elegido.

*

Amor y dolor

El yo es como un espejo donde se reflejan las imágenes de partes de nuestro cuerpo o de aspectos de nuestro amado. Un exceso de investidura de una de estas imágenes significa amor si la imagen se apoya en la cosa real de la cual ella es reflejo. En cambio, el mismo exceso de investidura significa dolor si el soporte real nos ha abandonado.

*

El amor ciego que niega la realidad de la pérdida y, por el contrario, la resignación lúcida que lo acepta, son los dos extremos que desgarran al yo y suscitan dolor. El dolor psíquico puede resumirse en una simple ecuación: un amor demasiado grande en nuestro interior para un ser que ya no existe en el exterior.

*

Dos modos del dolor del duelo

El dolor de amar al desaparecido sabiendo no obstante que está perdido para siempre es un sufrimiento que puede sobrevenir en el momento mismo de la pérdida o bien resurgir episódicamente en el curso del período del duelo. Aunque se trata siempre del mismo dolor, se presenta de un modo muy diferente según sus apariciones: súbita y masiva en respuesta inmediata a la pérdida; o episódica durante el duelo. Para distinguir correctamente estas dos manifestaciones, necesitamos avanzar en nuestra concepción del duelo.

*

*El duelo es un proceso de desamor,
y el dolor del duelo una irrupción de amor*

El duelo es un largo camino que comienza con el dolor lacerante de la pérdida de un ser querido y declina con la aceptación serena de la realidad de lo que fue y del carácter definitivo de su ausencia. Durante este proceso, el dolor aparece bajo la forma de accesos aislados de pena. Para comprender la naturaleza de estas irrupciones amorosas, hay que pensar al duelo como un lento trabajo gracias al cual el yo deshace pacientemente lo que había anudado en una urgencia bajo el impacto de la pérdida. El duelo es deshacer lentamente lo que se había cristalizado precipitadamente. En efecto, para poner dique a los efectos devastadores del trauma, el yo recorre demasiado cargado de afecto la representación del ser elegido y desaparecido. Ahora, durante el período del duelo, el yo recorre el camino inverso: paulatinamente desinviste la representación del amado hasta que ésta pierde su vivacidad y deja de ser un cuerpo extraño, fuente de dolor para el yo. Desinvestir la representación significa retirarle su exceso de afecto, reposicionarla entre las otras representaciones e investirla de modo diferente. Así, el duelo puede definirse como un lento y penoso proceso de *desamor* hacia el desaparecido para amarlo de otro modo. Entendámonos bien. Con el duelo, el doliente no olvida al difunto ni deja de amarlo; sólo se atenúa un vínculo demasiado excesivo y reactivo a la pérdida brutal.

Ahora bien, una vez que hemos definido el duelo como un proceso de desamor, comprendemos que el dolor sobreviene cada vez que una irrupción de amor resulta reavivada. El dolor en el duelo corresponde, en efecto, a la reinvestidura momentánea de una imagen en vías de desaparición. Es lo que se produce cuando la persona en estado de duelo vuelve a encontrar incidentalmente, en la realidad, tal o cual detalle que le recuerda al amado en la época en la que estaba vivo. En ese momento en que la representación del difunto se reanima por la fuerza del recuerdo y en que el sujeto nuevamente debe rendirse a la evidencia de la pérdida irreversible, retorna el dolor. Digámoslo con toda claridad: hay dolor cada vez que la imagen del ser desaparecido es reanimada y cuando, simultáneamente, me rindo ante la evidencia de la indiscutible desaparición del otro. Los accesos de dolor que puntúan el duelo son pues irrupciones de un amor tenaz que no quiere desaparecer.

*

La nostalgia es una mezcla de amor,
dolor y goce:
sufro la ausencia del amado
y gozo de ofrecerle mi dolor

Aunque doloroso, el recuerdo del amado perdido puede sustituir el goce de ofrecer nuestro dolor como un homenaje al desaparecido. Amor, dolor y goce se confunden en este punto. Amar al otro perdido por cierto hace sufrir, pero ese sufrimiento también resulta un alivio, pues lo hace revivir.

*

Duelo patológico

En el duelo patológico, la sobrecarga afectiva se ha cristalizado para siempre en la representación psíquica del amado perdido como si quisiéramos intentar resucitarlo en vano. El duelo patológico es el amor coagulado alrededor de una imagen.

*

"¡No quiero que cese mi dolor!"

Las manifestaciones del dolor —abatimiento, grito y lágrimas— lo mantienen, como si la persona que sufre estuviera llevada por el deseo inconsciente —un deseo que no tiene nada que ver con el masoquismo— de vivir plenamente la prueba dolorosa.

Los que sufren por haber perdido al ser amado experimentan un dolor atroz al que consideran, pese a todo, digno de ser padecido. Quieren sufrir porque su dolor es un homenaje al muerto. El dolor es un goce que hay que agotar, una tensión que hay que descargar por medio de alaridos, lágrimas y contorsiones. Como si el ser dolorido exclamara: "¡Déjenme tranquilo! No me consuelen. ¡Déjenme consumar mi dolor!"

*

La angustia es una reacción ante la pérdida imaginaria

La angustia es la reacción ante la amenaza de perder al objeto, es decir ante la idea de que nuestro amado pueda faltar. Por ende, la angustia está asociada a la representación consciente de lo que puede ser la ausencia del otro amado. En términos lacanianos, diríamos: la angustia surge cuando imagino la falta; es una respuesta a la falta imaginaria.

*

Tres formas de *angustia*: la angustia frente a la amenaza de perder al ser amado, la angustia ante la amenaza de perder el órgano amado (angustia de castración), y la angustia ante la amenaza de perder el amor de nuestro amado, a guisa de castigo por una falta real o imaginaria con la que me siento agobiado (angustia moral o culpabilidad).

*

Cuadro comparativo de los afectos

EL DOLOR	es una reacción a la *pérdida* del *amado*, a la *pérdida* de su *amor*, a la *pérdida* de mi *integridad corporal*, o incluso a la *pérdida* de la *integridad* de mi *imagen*.
LOS CELOS	son una variante del dolor psíquico. Es la reacción ante una *supuesta* pérdida del amor que el amado me tenía y que se dirige en provecho de algún rival. Los celos son un afecto en el que se mezclan el dolor de haber perdido el amor del amado, la integridad de mi imagen narcisista, el odio contra mi rival y, por fin, los reproches que me dirijo por no haber sabido conservar mi lugar.
LA ANGUSTIA	es una reacción a la *amenaza* de una *eventual* pérdida del ser amado o de su amor.
LA CULPABILIDAD	es una variante de la angustia. Es una reacción a la amenaza de que el ser amado me retire su amor, a guisa de *castigo* por una falta real o imaginaria que cometí o podría cometer.
LA HUMILLACION NARCISISTA	es una herida infligida a la imagen que alimento de mí mismo.
EL ODIO	es una reacción a la herida de mi imagen provocada por el otro amado. El odio es una movilización de *toda mi violencia para atacar al otro* en su propia imagen. Violencia que rehabilita la imagen herida de mí mismo y me otorga consistencia: odio, luego, me siento ser.

*El dolor corporal:
una concepción
psicoanalítica*

El dolor de la lesión

*

El dolor de la conmoción

*

El dolor de reaccionar

*

Preguntas y respuestas sobre el dolor corporal

Solemos pensar, por lo general, que el dolor físico tiene que ver exclusivamente con el campo de la neurofisiología y sólo concierne al psiquismo si repercute en la persona del hombre que sufre. Como si por un lado se situara el fenómeno doloroso que se explica científicamente por medio de la transmisión del mensaje nociceptivo en el seno del sistema nervioso y, por el otro, se encontraran las inevitables consecuencias psicológicas y sociales que entraña, por ejemplo, un dolor crónico. Tendríamos el dolor, y luego sus prolongaciones emocionales. Conocemos la importancia, para un practicante —médico o psicoanalista— de escuchar no sólo el sufrimiento corporal de su paciente, sino las perturbaciones psicológicas que éste provoca. Empero, aquí preferimos ocuparnos no de las repercusiones de la perturbación dolorosa, sino de su origen psíquico; más exactamente del factor psíquico que interviene en la génesis de todo dolor corporal.

Destaquemos que nuestro interés por elucidar de la mejor manera el componente psíquico del hecho doloroso está curiosamente compartido por los investigadores actuales en neurociencias.

Me ha sorprendido sobremanera descubrir, por ejemplo, las dudas e interrogaciones de los científicos agrupados en la International Association for the Study of Pain (IASP) a propósito de la incidencia del psiquismo en la neurofisiología del dolor. Sin lograr explicarlo formalmente, consideran el factor psíquico como una de las causas principales de la emoción dolorosa cuyos resortes siguen estando inexplorados. Entienden en particular que ese factor desconocido sería también el responsable de un dolor corporal muy atípico calificado de "psicógeno", es decir de origen exclusivamente psíquico. Se trata de una sensación dolorosa efectivamente sentida por el sujeto, pero sin ningún motivo que la explicaría.

Así, la definición oficial del dolor propuesta por la IASP deja transparentar estas diversas incertidumbres en cuanto al papel del factor psíquico. Querría reproducir aquí los términos exactos de esta definición. El dolor —dicen— sería "una experiencia sensorial y emocional desagradable, asociada a una lesión tisular real o potencial, o aun descripta en términos que evocan tal lesión". Al releer estas líneas, tenemos una noción de la medida de la ambigüedad del término "dolor". Más que una sensación, es emoción, e incluso una emoción que puede surgir sin lesión tisular responsable: "una experiencia ... descripta en términos *que evocan* tal lesión". Puede apreciarse, pues, en qué medida esta definición reconoce la existencia de un dolor real, es decir concretamente sentido y deplorado por el paciente, pero sin tener, necesariamente, un alcance orgánico que lo justifique. En una palabra, la IASP reconoce que el dolor podría sólo existir en lo experimentado y en la queja que lo expresa.

Podemos calibrar, en consecuencia, la extensión del campo del dolor que excede ampliamente una concepción estrictamente neurofisiológica, y se comprende mejor por qué es necesario, en la actualidad, abrir nuevos horizontes en la investigación psicoanalítica para situar adecuadamente la parte del psiquismo en la determinación del hecho doloroso.

*

Por consiguiente, si queremos saber por qué sufren nuestros pacientes y por qué nosotros mismos sufrimos, necesitamos tomar la lupa de la metapsicología y descender al corazón del yo para descurbir en él la psicogénesis del dolor. Queremos penetrar en la trama íntima de las representaciones inconscientes, describir muy de cerca las fluctuaciones de las tensiones psíquicas y comprender así la incidencia irreductible del psiquismo en el origen del dolor corporal. La práctica del psicoanálisis nos enseña que un dolor intenso nace siempre de una conmoción del yo, aunque sea momentánea; y que, una vez anclada en el inconsciente, reaparecerá, transfigurada en acontecimientos penosos e inexplicados de la vida cotidiana.

El modelo freudiano del dolor físico

Estudiemos entonces el dolor físico según los tres tiempos de su génesis: lesión, conmoción, reacción. Al comienzo, nos apoyaremos en nuestra lectura del "Proyecto de psicología", texto de 1895[5] que contiene en germen los conceptos principales del psicoanálisis. En estas páginas, a menudo muy arduas, Freud intenta construir un modelo energético del sufrimiento corporal. En ningún momento, ulteriormente, en sus infrecuentes consideraciones sobre el fenómeno doloroso, volverá a mostrarse tan preciso y riguroso al respecto.

Antes de emprender nuestro estudio, debo introducir aquí una observación terminológica relativa al vocablo "yo" [*moi*] que hemos de emplear de diversos modos a lo largo de nuestro libro. A fin de conducir con firmeza el hilo de mi demostración, he de utilizar al *yo* [*moi*] como un concepto maleable. El lector podrá observar que designa alternativamente diferentes funciones y estados psíquicos, tales como el yo-persona, el yo-cuerpo, el yo-conciencia, el yo-órgano endoperceptor, el yo-memoria inconsciente, y por último el yo-inhibidor. Todos estos valores que atribuimos al concepto comodín del *yo* pueden agruparse en dos grandes acepciones: en una, el vocablo "yo" califica al "sí mismo" de una persona global distinta de los otros individuos; en la otra, designa una instancia particular del aparato psíquico, caracterizada por atributos y funciones específicas. Estas diversas acepciones no son arbitrarias en modo alguno, dado que cada una de ellas corresponde a una definición o a un empleo del término "yo" propuesto por Freud en un momento u otro de su obra.

Tras esta precisión concerniente al vocabulario, tratemos ahora de comprender cómo se origina un dolor en el cuerpo y se transforma en dolor inconsciente.

*
* *

El dolor de la lesión

Tomemos el ejemplo de una quemadura seria en el brazo. Después de un breve instante de estremecimiento en el que queda anestesiado por el shock, el yo siente el dolor local de una herida en el brazo, y experimenta enseguida el dolor indefinido y penetrante de una perturbación interior. El yo opera pues dos percepciones simultáneas: percibe a la vez un dolor que localiza en el nivel de la lesión externa, y un estado de conmoción interna que lo invade. Estas percepciones mezcladas con lo sentido de un mismo afecto doloroso son, sin embargo, muy distintas. Así, vamos a considerar sucesivamente el dolor producido por la lesión y el que resulta propio de la conmoción. Abordaremos luego el tercer tiempo de la génesis del dolor, el de la reacción. Para defenderse contra la conmoción, el yo reacciona con torpeza y, paradójicamente, aumenta su dolor en lugar de reducirlo.

Toda lesión dolorosa del cuerpo será percibida como una lesión y un dolor externo, porque el cuerpo mismo es percibido imaginariamente como una envoltura densa y sensible que nos contiene y nos lleva.

Comencemos por el dolor de la lesión. Es el afecto experimentado por el yo cuando padece un daño de los tejidos que se traduce, desde el punto de vista energético, por una excitación brutal percibida imaginariamente en la periferia. Ya se trate de un atentado a los envoltorios externos del cuerpo o a los órganos internos, toda lesión será imaginariamente sentida por el yo que sufre como un atentado periférico. En efecto, el cuerpo es vivido por el yo como su periferia viviente y sensible más allá de la cual se extendería el mundo exterior.[6] Así, toda lesión corporal, ya se trate de una herida cutánea superficial o de una profunda necrosis del miocardio, será, a los ojos del yo sufriente, una efracción frontal, más exactamente invariablemente periférica. Precisemos no obstante que, en caso de accidente muy grave, el yo ya no está disociado del cuerpo, al que ya no percibe como un envoltorio periférico protector. En semejantes momentos, en que *somos* nuestro cuerpo trastornado, ya no hay lesión corporal pues es todo el ser lo que se quiebra.

La percepción imaginaria de la herida y del dolor, y su representación mental

La percepción de una excitación dolorosa situada imaginariamente en la periferia —nuestra quemadura, por ejemplo— imprime inmediatamente en el yo la imagen del lugar lesionado del cuerpo. La sensación dolorosa resulta así reavivada por el surgimiento de la representación mental de la herida. El sujeto siente entonces un ardiente dolor y, simultáneamente, visualiza una imagen difusa de la carne de su brazo expuesto al vivo. Por lo tanto, la percepción de la herida no es solamente la captación de un cambio brutal del estado de los tejidos protectores: actúa asimismo como un punzón que fija en la conciencia la representación mental de la región lesionada. Esta representación, que jugará un papel decisivo en el tercer tiempo del proceso doloroso, será denominada "representación del lugar lesionado y dolorido del cuerpo".[7]

"El dolor físico nos pone en oposición con nuestro cuerpo, el cual se muestra totalmente extraño a aquello que está alojado en nosotros."
Valéry

Ahora bien, esta imagen mental de la herida, nacida de la percepción de la lesión, localiza y fija el dolor vivido. Al sentir dolor, la persona quemada cree que su dolor está totalmente reunido en la herida, y sólo emana de ella, de la apertura de los tejidos. Como si la fuente del sufrimiento se redujera a la mera extensión de la quemadura. Lo sentido como doloroso parece tan localizado y condensado en la herida que la región dolorida parece autonomizarse y erguirse como una excrecencia tiránica desprendida del cuerpo, que socava y debilita al yo. La percepción sensorial de la lesión ha formado la imagen mental de la herida acompañada no sólo por el sentimiento de que la sede del dolor está en la herida y que la herida es periférica, sino también de la impresión de que el lugar doloroso, desprendido del cuerpo, se ha erigido en una ramificación hostil. Por cierto, sin lesión no habría habido dolor, pero el dolor no está en la herida: está en el yo, totalmente condensado en una imagen interior al yo, en la imagen del lugar lesionado.

Sin los ojos no veríamos, pero la vista no está en los ojos: está en el lóbulo occipital del cerebro.

Para resumir, digamos que el yo es un capturador sensible de los cambios tisulares, pero un mal cartógrafo. No sólo identifica toda lesión corporal con una lesión periférica, sino que, además, se equivoca cuando cree que la fuente del dolor está en la lesión. El dolor no está en la lesión: está en el cerebro para la sensación dolorosa, y en las bases del yo —en el ello— para la emoción dolorosa.

En una palabra, el dolor de la lesión entraña tres aspectos: real, simbólico e imaginario.

• *Real:* percepción sómato-sensorial de una excitación violenta relativa a los tejidos orgánicos.

•*Simbólico*: formación súbita de una representación mental y consciente del lugar del cuerpo donde se ha producido la lesión.

•*Imaginario*: al ser el cuerpo vivido en la periferia, toda lesión será vivida como periférica. La sensación dolorosa, referida imaginariamente a la sede de la lesión, parece no emanar sino de la herida, y la herida parece instituirse como un segundo cuerpo.

*
* *

El dolor de la conmoción

Volvamos ahora al dolor de la conmoción, y precisemos enseguida que no se produce si la excitación sensorial es de intensidad débil. Hace falta una estimulación lo suficientemente fuerte que, más allá del daño tisular, desencadene un trauma interno.

Hemos dicho que el dolor resultaba de una doble percepción: una, inclinada hacia el afuera (percepción externa) para captar la lesión y la sensación dolorosa, y la otra, vuelta hacia el adentro (percepción interna) para captar la perturbación psíquica que se produce consecuentemente. Los científicos denominan a la primera "sómato-sensorial", y nosotros llamamos a la segunda "sómato-pulsional". Si retomamos el ejemplo de la quemadura, el sujeto percibe simultáneamente el dolor que emana de su brazo herido y el sufrimiento interior que lo quebranta. El dolor de la lesión lo atraviesa en la frontera de su cuerpo, mientras que el de la conmoción lo consume desde el interior. Todo ocurre como si tuviera, primero, la lancinante sensación de quemadura del brazo, localizada en un punto de la periferia: "Me duele" significa que puedo circunscribir el dolor y, en última instancia, afrontarlo. Pero, muy rápidamente, se eleva, desde el fondo del ser, otro dolor, muy diferente, esencial y profundo. A este dolor no lo poseo, sino que él me posee a mí; "yo soy dolor".

Justamente, ¿cuál es ese otro sufrimiento que se adueña del yo y lo marca hasta el fondo con el sello de la infelicidad? Para responder, releamos ahora la teoría del dolor físico elaborada en el "Proyecto de psicología" y apliquémosla al caso de la quemadura. Diremos entonces que el calor de la llama que ataca la piel se ha transformado inmediatamente en una corriente de energía interna, devastadora y no dominada, que sumerge al yo en un estado de shock traumático. Por la brecha abierta en la barrera de protección irrumpe, en el seno del yo, un flujo súbito y masivo de energía que sumerge no al cuerpo, sino al psiquismo en su núcleo mismo (neuronas del recuerdo). La homeostasis del sistema psíquico resulta así rota y su principio regulador —el principio de placer— se encuentra momentáneamente abolido (*Fig. 2*). Es entonces cuando el yo, aunque perturbado, consigue autopercibir su propia perturbación, es decir el enloquecimiento de sus tensiones pulsionales. Esta singular autopercepción por parte del yo de su estado de conmoción interna —percepción sómato-pulsional— crea la emoción dolorosa.

La memoria inconsciente del dolor

*El dolor es el último fruto,
inmortal, de la juventud.*
René Char

"No es bajo la forma del recuerdo como reaparece el hecho olvidado, sino bajo forma de acción. El enfermo repite, sin saber que se trata de una repetición."
Freud

Así como el impacto de la excitación externa y local forma en el yo la imagen de la zona lesionada y dolorida, la violencia de la conmoción deja sus huellas. Una vez más, se trata de la formación de una imagen, pero muy diferente de la inmediata y local elaborada conscientemente durante la lesión. El cimbronazo interno es tan perturbador y doloroso que su imagen permanece impresa no sólo en la memoria ordinaria que nos restituye el pasado como recuerdo consciente, sino también grabada en el suelo mismo del inconsciente, que es también memoria, una memoria muy distinta. En efecto, el inconsciente encubre el pasado, pero no lo refleja en la superficie de la conciencia. Por consiguiente, el dolor de la conmoción seguirá marcado en el inconsciente, pero sus retornos tomarán otras figuras aparte del mero recuerdo de un episodio desdichado. Sin duda, la persona que ha sufrido un traumatismo puede recordar las circunstancias del accidente, reencontrarse con las sensaciones insoportables

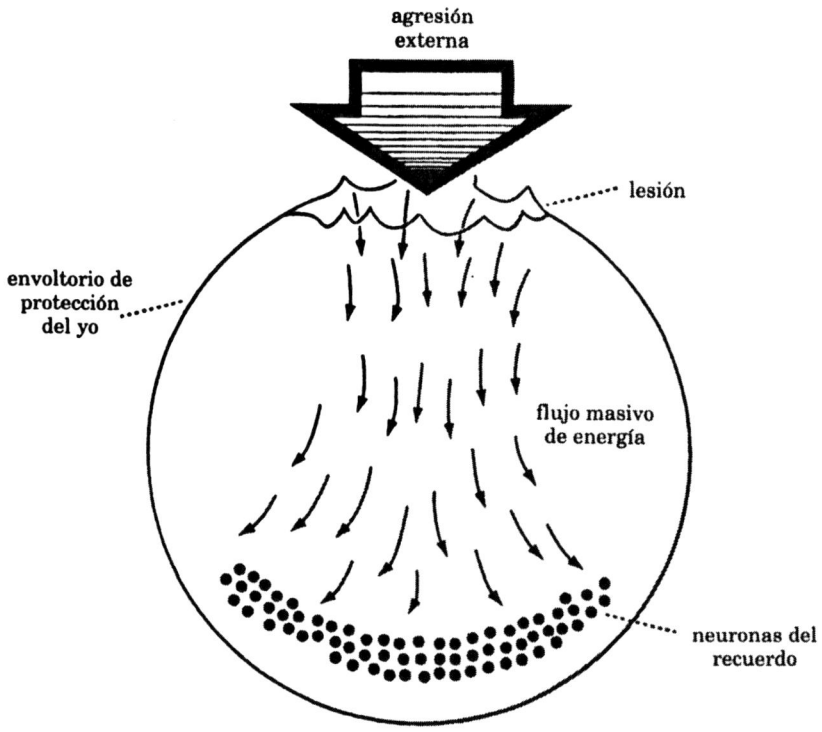

Figura 2

El dolor resulta de una lesión del envoltorio de protección del yo y de un flujo masivo de energía que alcanza las neuronas del recuerdo. El yo resulta representado aquí bajo la forma simplificada de una vesícula viviente.

que ha experimentado y vivir en el temor de una nueva agresión, pero hay otras formas de retorno del traumatismo que ella misma ignora. El dolor pasado resurgirá de modo inesperado, en algún otro lugar que no será la mente. Tal vez la carne, convertida en otro dolor; o encarnado en una lesión psicosomática; o aun en la conciencia, transfigurado en otro afecto, tan oprimente como la culpabilidad, por ejemplo; e incluso transformado en un acto impulsivo. Todas éstas son eventualidades por medio de las cuales el dolor de antaño retorna al presente sin que identifiquemos estos retornos como los resurgimientos de un sufrimiento olvidado. He aquí por qué calificamos de inconsciente un antiguo dolor corporal vuelto al presente, transfigurado. Registrado en el inconsciente, reaparece bajo diversos aspectos que se nos imponen, sin saberlo nosotros mismos. El sujeto repite —escribe Freud— pero sin saber que se trata de una repetición.

El dolor del pasado retorna al presente como un nuevo dolor, una culpabilidad, un pasaje al acto, incluso una afección psicosomática.

Es así como distinguimos nítidamente una primera y muy emocionante experiencia dolorosa de su reproducción ulterior. Una cosa es la experiencia pasada de un dolor violento provocado por un incidente real, tal como la quemadura, y otra es la reaparición transfigurada en una nueva sensación, una lesión psicosomática, un afecto o una acción penosa. Mientras que el dolor del pasado había sido provocado por un agente externo, las manifestaciones dolorosas de hoy pueden ser suscitadas por una estimulación externa o interna, a menudo anodina e imperceptible. Formulémoslo más nítidamente: a partir del momento en que una primera experiencia dolorosa se registra en el psiquismo y reaparece como irreconocible, adquiere el estatuto de dolor inconsciente. Pero, ¿cómo explicar el pasaje de un intenso dolor corporal a un dolor inconsciente?

Decíamos que, durante la conmoción, el paso fulminante de energía alcanzaba el núcleo central del yo (*Fig. 2*). Ahora bien, es justamente allí, en el corazón mismo del yo, donde se registra la experiencia traumática. A fin de demostrar mejor esta capacidad del yo para conservar las huellas inconscientes de las pruebas que afronta, debo detenerme aquí por un instante y describir brevemente los elementos constitutivos del yo.

En la época del "Proyecto", Freud imagina que el yo está compuesto por dos elementos esenciales: una "energía" que circula, tendiente a la descarga, y "neuronas" que la vehiculizan. Una parte de la energía proviene del exterior y otra se propaga al interior en el espacio intra e inter neuronal. En cuanto a las neuronas, se subdividen en tres grupos. Un grupo, localizado en la periferia del yo, tiene por función percibir las estimulaciones del mundo externo.[8] Un segundo conjunto, situado en el centro del yo, compuesto de "neuronas del recuerdo", tiene por función no percibir sino conservar la huella de los acontecimientos fuertes.[9] Es precisamente este grupo el que se convertirá, en el pensamiento freudiano, en el "sistema inconsciente". En efecto, la neurona del recuerdo es el ancestro conceptual de la noción freudiana de representación inconsciente. De la misma manera que la *representación psíquica* entraña dos elementos indisociables: un contenido figurativo, llamado "representante", y la energía que lo inviste; la *neurona del recuerdo* contiene la huella o la imagen mnémica de un acontecimiento pasado y el afecto que la carga. En estos dos casos, estamos en presencia de un contenido representativo y de su investidura afectiva.

Por último, el tercer conjunto neuronal opera, como el primero, una función de percepción diri-

Las neuronas del recuerdo

gida no hacia el mundo externo sino hacia el interior, para captar las fluctuaciones de la energía interna. Estas neuronas perceptivas tienen no sólo la tarea de detectar las variaciones de la tensión psíquica, sino también de hacerlas repercutir en la conciencia bajo la forma de afectos agradables, desagradables o dolorosos. Agradables cuando el ritmo del flujo energético es sincrónico, desagradables cuando es acelerado y asincrónico, y doloroso cuando el ritmo está enloquecido o quebrado.

De este cuadro sintético, ¿qué debemos retener? En primer lugar, que esta ficción del yo imaginada por Freud a comienzos del siglo sigue siendo, con algunas modificaciones, la matriz de la vida psíquica tal como la concibe la mayor parte de los psicoanalistas en la actualidad. Ficción sorprendente por los ecos que encuentra en las propuestas científicas actuales. Y retengamos aún el concepto de "neuronas del recuerdo", que nos servirá para comprender el pasaje de un dolor físico a un dolor inconsciente.

El pasaje de un dolor corporal a un dolor inconsciente

"... el dolor deja tras de sí facilitaciones permanentes en las neuronas del recuerdo."
Freud

Hemos demostrado que el yo, perturbado por la irrupción masiva de una implacable energía, consigue, no obstante, autopercibir su estado de conmoción interna, y que el dolor resulta de la traducción en la conciencia de esta autopercepción. Hemos dicho también que el flujo masivo de excitación, ingresado por la brecha de la lesión, penetra hasta el grupo central de las "neuronas del recuerdo". El pasaje, como fuerza, del flujo energético, entraña dos consecuencias: la inscripción de una imagen mnémica en algunas de esas neuronas y una excitabilidad acrecentada del conjunto neuronal. La imagen que permanecerá grabada en la neurona es la de un detalle de la agresión o del objeto agresor. Si retomamos el ejemplo de la quemadura, lo que resulte retenido puede ser un aspecto del fuego, su crepitación, su olor, sus colores, o bien un elemento del contexto del accidente. Ahora bien, dicha imagen, inscripta para siempre en el yo por la conmoción, es muy diferente de la impresa por la lesión. No se trata ya de la representación consciente de la sede de la lesión, sino de una imagen no percibida por la conciencia que representa una particularidad del accidente.

Un recuerdo penoso de mutilación puede provocar al despertar un dolor invalidante en la pierna.

Por lo tanto, el yo conservará en su memoria la "foto" de un detalle de la agresión, una imagen mnémica definitivamente asociada a la experiencia dolorosa. Empero, la neurona que conserva esta imagen sigue siendo extremadamente irritable. Está lista para reaccionar ante una eventual excitación capaz de llevarla a la descarga de su energía bajo la forma de un nuevo dolor, de una lesión, de una acción o de un afecto penoso. Freud propone el término "facilitación" para designar este fenómeno de sensibilización de las neuronas del recuerdo. El flujo de energía ha sensibilizado tanto a las neuronas que excitaciones débiles bastarán para reactivarlas y reanimar la imagen que contienen. Estas excitaciones ya no serán brutales como lo había sido la quemadura, sino imperceptibles y de menor intensidad; tales estimulaciones podrán ser externas o internas. Así, no bien se reactiva la imagen mnémica de la agresión por una de estas excitaciones inadvertidas, puede aparecer, por ejemplo, un nuevo dolor, menos violento que el primero y situado en un punto del cuerpo diferente del que resultó tocado por el accidente inicial. En este caso, el sujeto experimentará una sensación dolorosa detectable. Sufrirá entonces sin saber que su dolor presente es el recuerdo actuado de un dolor pasado.

Querría detenerme un instante en este retorno doloroso, en razón de sus alcances clínicos. Este neodolor, motivo frecuente de consulta médica, aparece a menudo frente al clínico como un sufrimiento físico sin causa orgánica. Imaginemos a un médico confrontado con un paciente que se queja de una tendinitis, muscular o visceral, inexplicada. Tal vez se conforme con atribuir a esta algia un vago origen psicológico, y con diagnosticar un dolor "psicógeno". Prudente, prescribirá quizás un medicamento ansiolítico, incluso un placebo. Sin embargo, estamos convencidos de que su actitud clínica se modificaría si admitiera —como lo proponemos nosotros en estas páginas— que el cuerpo es una pantalla en la que se proyectan recuerdos, y que el actual sufrimiento somático del paciente es el resurgimiento viviente de un primer dolor olvidado. Entonces invitaría a su paciente a hablarle de antiguos shocks traumáticos, psíquicos o corporales, de los que podría tener recuerdos.

Pero hemos dicho que el antiguo dolor podía reaparecer también, transfigurado en otro afecto tan penoso como un sentimiento de culpabilidad, transformado en lesión psicosomática, o incluso metamorfoseado en acto impulsivo. ¿Cómo explicar entonces estos avatares del dolor?

Puede suceder que el flujo de energía dolorosa afecte a otras neuronas aparte de aquellas en las cuales se inscribe la imagen de la agresión. Otras neuronas, por ejemplo, que llevaban huellas de acontecimientos penosos, vividos y ulteriormente olvidados por el sujeto. Tomemos el caso de una persona ausente en el lecho de muerte de su padre, y que ha olvidado lo que entonces consideró como una falta. Supongamos que dicha falta haya quedado grabada en una neurona del recuerdo. Más tarde, en ocasión de un dolor corporal violento, la neurona del recuerdo de la falta será facilitada, es decir sensibilizada de modo tal que una débil estimulación ulterior bastará para alcanzar en el sujeto un sentimiento de culpabilidad inexplicable. El paciente se sentirá oprimido y culpable sin comprender la razón. A través de esta corta secuencia, vemos cuán poderosa es una ínfima estimulación de una neurona, ya sensibilizada por la facilitación del dolor, a la hora de engendrar un afecto oprimente, de provocar una lesión tisular o aun de despertar una compulsión irresistible. Todo depende del contenido representativo de la imagen mnémica inscripta en la neurona reactivada.

Nuestro primer dolor

> *En los hombres encuentras a veces un trozo de dolor original trunco...*
> *Sí, ello viene de allá. Antaño, hemos sido ricos.*
> Reiner Maria Rilke

"Nada puede perderse en la vida psíquica, nada desaparece de lo que se ha formado; todo se conserva... y puede reaparecer."
Freud

Hasta aquí hemos establecido que un violento dolor físico vuelto inconsciente debe repercutir necesariamente en la vida del sujeto bajo forma de incidentes penosos. Con todo, se plantea un interrogante. Si admitimos que un dolor en el cuerpo puede ser el retorno de un sufrimiento antiguo devenido inconsciente, ¿cómo no generalizar y pensar que todos nuestros sufrimientos psíquicos y físicos resultan de un dolor original? Y si es así, ¿cuál sería ese mal inaugural? ¿Hasta dónde hay que remontarse en el tiempo para captar la experiencia dolorosa más primitiva? No lo sabemos. ¿Se trata acaso de un sufrimiento extremo experimentado antaño, una primera vez, en los albores de la vida, antes aún de poder gritar? Entonces, tal vez, hemos sido perturbados, y ese trauma perdura, activo, en una curiosa memoria. ¿Habremos de situarlo en el momento del nacimiento o, más precozmente, durante los estremecimientos de la vida fetal? ¿O lo imaginaremos, con Freud, como el dolor por una separación arcaica sobrevenida antes aún del estadio embrionario, en una fase preindividual y codificada en la memoria de la especie?[10]

> *"Los afectos son las reproducciones de acontecimientos antiguos, de importancia vital, eventualmente preindividuales."*
> Freud

Ciertamente, ignoramos de qué sufrimiento inmemorial hemos surgido, pero podemos estar seguros de que resurge en ocasión de todos los dolores físicos y psíquicos y transmite a cada uno su cualidad específica de afecto penoso. Este dolor primordial e intemporal retorna sin cesar en el presente para comunicar a todos los otros la marca del displacer intolerable que experimentamos cuando estamos enfermos o afligidos.

Pero, igualmente, es la experiencia dolorosa pasada la que nos hace vivir cada uno de nuestros dolores de manera única e individual. La vivencia de un dolor siempre es la vivencia de mi dolor. Cada cual sufre a su manera, cualquiera sea el motivo de su sufrimiento. Toda vez que un dolor nos aflige, ya provenga del cuerpo o del espíritu, se mezcla inextricablemente con el más antiguo dolor que revive en nosotros. Es justamente ese resurgimiento viviente del pasado doloroso lo que hace mío el dolor de este instante. El dolor que siento es por cierto mi dolor, porque lleva el sello de lo más íntimo de mi pasado.

No obstante, si la repetición funda el afecto doloroso, ¿no se podría considerar todo afecto —agradable o desagradable— como la reproduc-

Todo afecto doloroso es la reviviscencia de un antiguo dolor traumático.

ción de un afecto originario? Según Freud, en efecto, la emoción no es solamente lo que sentimos en el instante, sino también la repetición de un vivo sentimiento del pasado. Un afecto siempre es el retorno atenuado de una primera emoción intensa. La más singular emoción que yo pueda vivir hoy, placentera o displacentera, reproduce inevitablemente una emoción arcaica. Si, por ejemplo, ante una escena insoportable, me siento invadido por la repulsión, tendré la certeza de experimentar un sentimiento inédito, como si estuviera seguro de no haber vivido jamás nada semejante. Más adelante, una vez atenuada la violencia del impacto, reconoceré, empero, haber ya sentido una repugnancia semejante. En una palabra: no hay afectos nuevos; el afecto es siempre el fruto de una repetición.

No hay afecto puro, ya que siempre está reactivado por un fantasma, expresado por una palabra, y es motivo de una conducta.

Pero, ¿qué es lo que define intrínsecamente a un afecto? ¿Cuál es la sustancia íntima y vibrante del sentimiento que me emociona en este instante? No podemos responder. Tal vez lo en-sí de lo experimentado sea esa sensación pura, simple e inmediata, ese real desconocido que denominamos energía. Pero esta respuesta resulta insuficiente para captar la naturaleza de un afecto. Ya que no sabemos qué es, busquemos entonces de dónde viene: ¿cuál es el origen? La génesis del afecto no es otra cosa que un despertar, el despertar de un afecto pasado. Insistamos. Todo afecto es la repetición de una experiencia emocional primordial. Ciertamente, es con esta concepción eminentemente freudiana como podríamos identificar el afecto con el significante lacaniano. Un significante, enuncia Lacan, es siempre la repetición de otro significante. En consecuencia, proponer que el afecto sería un significante equivale a formular: no hay afecto sino en la repetición.

El dolor inconsciente no es una sensación sin conciencia, sino un proceso estructurado como un lenguaje

Ya lo llamemos "traumático" porque resulta de una agresión, o "inconsciente" por su aptitud para renacer, o aun "primordial" pues es la madre de todos los sufrimientos, hablamos siempre del mismo dolor.

A lo largo de estas páginas, hemos transformado insensiblemente la brutal sensación de una quemadura en un inasible dolor inconsciente. Al preguntarnos cómo deposita un traumatismo sus huellas en el inconsciente y cómo estas huellas reanimadas se exteriorizan, hemos llegado por fin a postular que el dolor inconsciente es la memoria de un antiguo sufrimiento traumático. Pese al rigor de esta definición, me interesa no obstante disipar un último malentendido sobre el concepto de dolor inconsciente.

Cuando nos interrogamos acerca de la naturaleza de un sufrimiento traumático tan profundo y antiguo, que ha conservado su completa vivacidad a pesar de todo, nos vemos tentados por un reflejo mental de imaginarlo como una materia afectiva palpitante en las entrañas del ser. Es cierto que, al identificar el antiguo traumatismo con el dolor inconsciente, hemos podido hacer creer que era una emoción confinada en un lugar cerrado del psiquismo. Empero, sería un error pintarlo así. El dolor inconsciente no puede reducirse al sufrimiento de un momento, aunque sea traumático, ni siquiera concebirse como un enclave de energía hostil. Recubre un concepto mucho más amplio que designa un proceso activo, que comienza con un sufrimiento somático muy intenso provocado por una agresión externa y que culmina con otra, despertada por una ligera excitación, generalmente interna. Digámoslo de otro modo: cuando la agresión externa que ha provocado un dolor traumático deja sus huellas en el inconsciente, instala en él igualmente un estado de hipersensibilidad que, ante la menor chispa, puede hacer renacer un nuevo dolor. Para ser más precisos, diremos que el dolor inconsciente no designa una cosa ni una sensación sin conciencia, sino un circuito que, reactivado por una ligera estimulación, se descarga en una manifestación penosa.

Finalmente, el dolor inconsciente es una aptitud, la aptitud del yo para rememorar un antiguo traumatismo doloroso de un modo que no es el del recuerdo consciente: el dolor inconsciente es el nombre que le otorgamos a la memoria inconsciente del dolor.[11]

*

Hasta aquí, ¿qué hemos querido dar a oír? Que el origen psíquico del dolor corporal es siempre la reviviscencia de un dolor primordial. Así, en la emoción dolorosa se conjugan la sensación desagradable de hoy y el despertar del primer dolor. Es precisamente tal despertar lo que comunica a la sensación desagradable del momento su carácter de afecto doloroso y, lo que es más, específicamente humano. Un dolor es humano porque es memoria inconsciente. Es justamente el inconsciente lo que humaniza el afecto doloroso, pues es él el que vuelve a dar vida al antiguo dolor de un traumatismo fundador.

Antes de proseguir, podemos extraer, en lo sucesivo, la siguiente conclusión: en todas las etapas de su génesis, el dolor corporal está marcado por el predominio del factor psíquico. Hemos visto, en efecto, cómo, sucesivamente, el psiquismo forma la representación del cuerpo lesionado (yo-conciencia), sufre el impacto de la conmoción (yo-trastornado), autopercibe la perturbación que entraña (yo-órgano endopercéptor), registra y restituye dicho impacto (yo-memoria inconsciente).

Los desarrollos que vendrán a continuación confirmarán la acción potente del psiquismo en la determinación del hecho doloroso.

*
* *

El dolor de reaccionar

Hemos reconocido el dolor como provocado por una lesión (quemadura en el brazo) y por la conmoción interna que ha sobrevenido. A continuación, hemos visto el dolor de la conmoción inscribirse en el inconsciente y transformarse en él en la fuente de ulteriores sufrimientos.

Abordemos ahora el tercer tiempo de la formación del dolor. Para ello, volvamos al accidente de la quemadura, en el momento en que el yo, sumergido por el flujo súbito de una inubicable energía, ve rota su homeostasis y neutralizado el principio del placer. Ahora ya no estamos frente a un yo desbordado y que padece la agresión, sino ante un yo que reaccciona ante la agresión. Ahora bien, por este sobresalto defensivo, lejos de suprimir su dolor, va a sufrir de otro modo. Más que sufrir por un dolor de sometimiento al mal, el yo sufre un dolor de protesta contra el mal. El dolor corporal ya no se debe a una lesión y al trastorno que la acompaña, sino también al inmenso esfuerzo del yo para cuidarse de ese trastorno. Por ende, el dolor físico se transforma en la expresión de un esfuerzo de defensa, más que en la simple manifestación de un daño a los tejidos.

Pero, ¿cuál es esa defensa que hace sufrir? La respuesta a esta pregunta será decisiva para comprender la naturaleza del dolor psíquico. Cuando el yo está en estado de shock, ¿qué hace para defenderse? ¿Cómo reacciona? Lleva a cabo un gesto que lo hará sufrir más: intenta desesperadamente curarse solo operando una suerte de autoauxilio. En respuesta a la agresión, el yo envía en torno de la herida toda la energía de la que dispone para colmar la brecha y detener el flujo masivo de excitaciones. Es este movimiento reactivo de energía —nombrado por Freud "contrainvestidura" o "contracarga"— el que se opone a la irrupción brutal de la excitación debida a la quemadura. Empero, este autoauxilio no se aplica a los tejidos destruidos de la herida, sino a la representación psíquica de dicha herida. Ahora bien, el hecho de que la contrainvestidura defensiva no afecte la herida misma sino la representación de la herida, revela la naturaleza incontestablemente psíquica de todo dolor corporal. ¿Por qué? Porque la respuesta a una agresión física no es solamente de orden fisiológico, sino que consiste también —y sobre todo— en un desplazamiento de energía en el seno de la red de las representaciones psíquicas constitutivas del yo. El cuerpo es herido y el yo lo atiende al ocuparse de la representación de la sede de la lesión (*Fig. 3*).

Cada vez que nuestro cuerpo sufre una violencia, se desencadena una reacción psíquica: el yo contrainviste la representación mental del lugar lesionado. De ello se desprende una consecuencia sorprendente: el dolor provocado por la agresión no se atenúa con ese auxilio simbólico; muy por el contrario, se intensifica. Es este fenómeno de una defensa dolorosa e inadecuada lo que ahora queremos explicar.

Para ser más precisos, ¿en qué consiste tal defensa, y por qué resulta dolorosa? Y aun más,

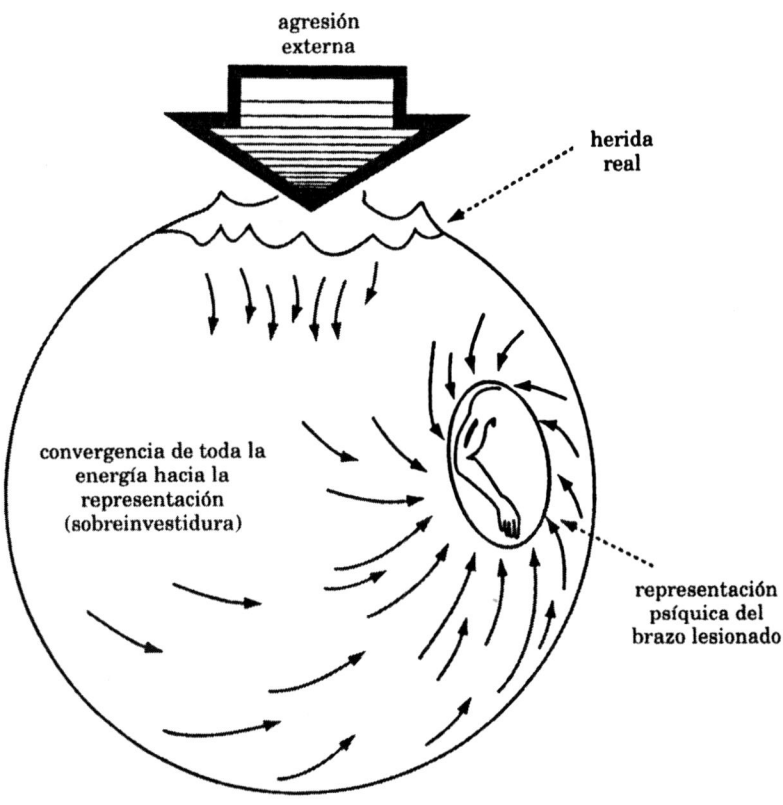

Figura 3
El yo auxilia la representación de la herida, por no poder auxiliar la herida real.

¿qué papel juega en ella la representación de la región herida?

En primer lugar, hay que recordar que el yo funciona como un espejo psíquico que refleja, en un mosaico de imágenes, tal parte de nuestro cuerpo o tal aspecto de los seres o de las cosas a las que estamos afectiva y duraderamente unidos. Entonces postulamos la siguiente hipótesis: cuando estamos privados de la integridad de nuestro cuerpo o privados de nuestro objeto de cariño, se produce un exceso de investidura afectiva de la *imagen del lugar lesionado del cuerpo*, cuando es nuestra integridad física lo que está en juego; o un exceso de investidura afectiva de la *imagen del objeto perdido*, cuando es la presencia del otro lo que está en juego. Tal exceso compensatorio se traduce en dolor. En psicoanálisis, la sobreinvestidura de la imagen psíquica de un punto de nuestro cuerpo se denomina "sobreinvestidura narcisista", y la de la imagen de un aspecto parcial del objeto que nos es caro (el ser amado) se denomina "sobreinvestidura del objeto".

"El dolor corporal encuentra su explicación en la concentración de la investidura en el representante psíquico del lugar del cuerpo doloroso. Es en ese punto donde se puede [...] transferir la sensación de dolor al campo psíquico."
Freud

Pero, ya se trate del dolor corporal debido a la investidura excesiva de la representación del lugar lesionado, o del dolor psíquico debido a la investidura excesiva de la representación del objeto amado y perdido, estamos en ambos casos frente al mismo fenómeno. El dolor es engendrado por la valorización afectiva demasiado fuerte de la representación en nosotros de la cosa a la cual estábamos unidos y de la que ahora estamos privados; ya se trate de una parte de nuestro cuerpo o del ser al que amamos.

En consecuencia, el dolor corporal es la expresión sensible de una sobreestimación reactiva de la representación de la parte herida del cuerpo, y el dolor psíquico, la expresión sensible de una sobreestimación igualmente reactiva de la representación del objeto amado y perdido.

Aclarado esto, preguntémonos nuevamente cómo trata el yo de sobreponerse a la conmoción desencadenada por la herida. Perturbado, reacciona por un reflejo de supervivencia aferrándose desesperadamente a la representación psíquica de la parte herida. Como si quisiera curar la herida, no protegiendo los tejidos arruinados sino concentrando todas sus fuerzas disponibles en la imagen mental de la zona lesionada. *Cura el símbolo de su herida por no poder curar la herida misma.* Así, para resistir a la conmoción, el yo se lanza desesperadamente hacia el símbolo del lugar afectado y se adhiere afectivamente con todo su ser. Ahora bien, es aquí justamente donde aparece el dolor; resulta del esfuerzo desesperado del yo para desprenderse de la conmoción, obstinándose con un símbolo. Se sufre porque se enloquece ante el peligro. Lo que hace daño es pues una crispación inútil en la imagen del cuerpo herido, un esfuerzo de defensa inapropiado para tratar la conmoción, un intento local, aislado, y por ello mismo condenado al fracaso.

Por supuesto, queda intacta la interrogación acerca de si el yo habría podido reaccionar de un modo diferente, más inteligente y menos vigorosamente. ¿Tal vez una acción global hubiera sido más eficaz y menos penosa que un gesto aislado? Pero el yo no puede actuar de otro modo. Su contracción enceguecida en un punto es un reflejo de supervivencia, y la única respuesta posible para no zozobrar ante la conmoción. Subrayémoslo una vez más: es en este último esfuerzo de reacción del yo donde se origina el dolor.

La representación es la carne del espíritu, y su sobreinvestidura, la sensación dolorosa.

Pero he aquí que ahora surge otra interrogación: ¿por qué la adhesión apasionada a un símbolo —quiero decir un exceso de carga energética que pesa en una representación— se traduce en dolor? La respuesta se resume en una sola palabra: "exclusión". Sí, la representación mental del órgano lesionado está tan cargada de energía, que, agobiada, se aísla y se excluye del conjunto de las otras representaciones estructurantes del yo. La cohesión psíquica desaparece entonces y el yo debe ahora funcionar con una estructura desestabilizada por el aislamiento de una representación en el seno del sistema. Por cierto, el yo ha conseguido contener la conmoción, pero al precio de engendrar un monstruo de afecto que, en lo sucesivo, lo perturba. Por lo tanto, es la polarización de toda la energía psíquica en una sola representación vuelta excéntrica lo que hace surgir el dolor. El corolario que se desprende de nuestras aseveraciones es simple. Lo enunciaremos así: no hay dolor corporal sin representación. Lejos de atemperar el dolor, lo intensifico saturando de energía la representación de mi herida.

"La ruptura de asociaciones siempre es un dolor."
Freud

En esta última etapa, el dolor corporal resulta de la adhesión reactiva y apasionada del yo al símbolo del lugar lesionado del cuerpo. Digámoslo más rigurosamente: este símbolo, hipertrofiado de afecto, se cristaliza como un cuerpo extraño y pesa en la trama del yo hasta desgarrarla. Este desgarramiento de las fibras íntimas es lo que provoca el dolor.

Resumen de las causas psíquicas del dolor corporal

Ahora, si me pregunto por qué me duele el brazo cuando me quemo, puedo responder utilizando el vocabulario psicoanalítico: dejando de lado el conjunto de los mecanismos neurobioquímicos generadores de dolor, existe sobre todo un encadenamiento de causas de orden psíquico, a saber: la impresión de que mi dolor emana de la quemadura; la autopercepción del enloquecimiento de mis tensiones pulsionales; la reviviscencia de un dolor inmemorial; la movilización de todas mis fuerzas hacia la representación mental del brazo dolorido; por último, el aislamiento de dicha representación.

*

La representación de la parte lesionada y dolorida del cuerpo

Destaquemos que tal encadenamiento de causas que induce el dolor corporal evoca el que preside la formación del dolor psíquico. Veremos que los esquemas lógicos que explican estas dos formas de dolor son casi idénticas. No obstante, una de sus diferencias reside en el contenido imaginario de la representación hipertrofiada.[12] En efecto, mientras que para el dolor corporal la representación remite a un cuerpo herido, para el dolor psíquico remite a un objeto amado y perdido (persona, cosa o valor). Retomaremos detenidamente el dolor psíquico o dolor de amar, pero por el momento necesitamos definir más claramente el estatuto singular de la representación de la parte lesionada del cuerpo. Nos será, así, más fácil, comprender la naturaleza de la representación del objeto amado y perdido, elemento principal en la génesis del dolor de amar.

Preguntémonos pues cómo se forma dicha representación del cuerpo y cuál es su contenido imaginario, más particularmente visual. Subrayemos de ahora en adelante que la representación del lugar doloroso no existía antes de la lesión, sino que se forma en ese mismo instante. Quiero decir que esta representación no está desde siempre, sino que surge con la percepción sensorial de la herida y la impresión de que el dolor se localiza en ella.

Empero, la imagen del cuerpo lesionado no es sólo contemporánea de la lesión; proviene también de múltiples huellas dejadas en el inconsciente por los antiguos dolores y los deseos de los otros. También está modelada por la vivencia actual de mi cuerpo que se mueve en el espacio. Es decir que esta imagen del lugar doloroso, sobreinvestida por el yo para precaverse de la conmoción, se funda en una multitud de percepciones no conscientes que han fijado acontecimientos pasados, registrado los impactos dejados por el deseo de los otros, y que captan hoy las vibraciones sensoriales de mi cuerpo viviente. Pero es cierto que la representación surge en favor de todos estos factores, y es cierto también que su pasaje en la conciencia es efímero: dura lo que dura el acceso doloroso.

La representación de la zona lesionada es esencialmente inconsciente, pero durante el acceso doloroso, aflora a la conciencia.

Pero, ¿cuál es el contenido imaginario propio de la representación del lugar lesionado? Hasta aquí, hemos denominado esta representación "imagen", "símbolo" o "representación psíquica de la zona herida y dolorida". Estas fórmulas son engañosas, pues dejan entender que el contenido imaginario es la copia fiel de la parte herida del cuerpo. Ahora bien, como sabemos, nunca se trata de una réplica exacta. La imagen del lugar doloroso —sea o no consciente— jamás es acorde con la anatomía real, sino que corresponde a la anatomía fantasmática. Ninguna imagen de una región corporal ofrece el estricto reflejo del cuerpo tal como es. Mis percepciones siguen siendo interpretaciones deformantes de la realidad, de las vivencias fantasmatizadas de mi cuerpo.

De modo pues que el contenido imaginario de la representación se integra en un fantasma ya organizado por nuestros deseos inconscientes. El lugar del cuerpo concernido por la lesión se presenta siempre como inserto en la escena fantasmatizada de un sueño y asociado con la acción de un personaje ficticio.

En suma, la representación de la zona dolorida, surgida de mis impresiones pasadas y actuales, modelada por el impacto del cuerpo de los otros, nacida con la lesión y destinada a concentrar en ella el flujo descontrolado de energía, es la imagen imprecisa de un fragmento del cuerpo en el centro de una escena fantasmatizada. Aunque pueda penetrar en el campo de la conciencia, esta imagen sigue siendo esencialmente inconsciente. Cuando le toca ser consciente, su contenido imaginario toma con frecuencia una configuración espacial que resulta de sensaciones tanto visuales como táctiles, cinestésicas o cenestésicas. Así, cuando el sujeto que sufre visualiza la región dolorida interna o externa de su cuerpo, se la representa en el espacio. Intentando ahora describir su dolor, utiliza fórmulas tales como "siento que peso como una capa", o "un punto", "una bola", "una barra" o incluso "agujas". Todas estas expresiones muestran en qué gran medida la imagen consciente del cuerpo dolorido es la metáfora espacial e imprecisa de la sensación dolorosa.

La capacidad de vivir el dolor y de representarnos conscientemente de la herida la hemos adquirido en las primeras separaciones traumáticas del nacimiento y el destete.

*

¿Qué debemos retener del dolor corporal? Esencialmente, que se trata del afecto experimentado por el yo cuando, conmocionado o en proceso de rememoración de un antiguo dolor, hace el esfuerzo de sobreinvestir la imagen de la parte dolorida. Este gesto defensivo atempera la conmoción pero acentúa el dolor. Seamos claros: el estado de conmoción hace daño, y la defensa contra la conmoción hace más daño aún. Al dolor propio del trastorno se agrega otro, el que expresa el esfuerzo desesperado del yo para salvar su integridad.

*
* *

*Preguntas y respuestas sobre el dolor corporal**

☐ *Usted nos ha presentado su concepción del dolor corporal a partir de la teoría freudiana. Pero, ¿cómo es posible apoyarse en una teoría centenaria del dolor cuando actualmente aparecen tantos nuevos avances en el campo de las neurociencias?*

Psicoanálisis y neurociencias

Ante todo, el modelo freudiano del dolor corporal, tal como ustedes lo han visto, reviste un valor heurístico indiscutible ya que nos esclarece para construir una teoría rigurosa del dolor mental. Pero, más allá de tal esclarecimiento, me ha permitido, sobre todo, elucidar el factor psíquico que actúa en la formación de todo dolor corporal, cualquiera que éste sea. Recuerde usted, en efecto, la idea freudiana de base que hemos formalizado en los siguientes términos: sólo hay dolor soportado por la sobreinvestidura narcisista de la representación del lugar lesionado del cuerpo. Tal hipótesis me parece tan rica en perspectivas

---

* Las preguntas a las que respondo han sido redactadas a partir de intervenciones de oyentes que asistieron a diferentes exposiciones orales que he dado sobre la temática del dolor.

que no vacilaría en proponerla a los neurofisiólogos que trataran de develar los resortes íntimos del dolor. Como usted ve, ya no esperamos que la ciencia actual venga a confirmar las antiguas elaboraciones psicoanalíticas; muy por el contrario, invitamos a la ciencia del mañana a prolongar la tesis de la sobreinvestidura de la imagen mental de la región dolorida. Estoy convencido de que dicha tesis freudiana de la sobreinvestidura se ha de transformar en un concepto clave en las futuras investigaciones de la neurofísica del dolor.

Aclarado esto, su pregunta me brinda la ocasión de intentar establecer un cuadro comparativo entre las proposiciones freudianas —muy especialmente las formuladas en el "Proyecto"— y las hipótesis neurocientíficas. Comentaré a continuación la teoría del dolor propuesta recientemente por un eminente representante de las neurociencias, Antonio R. Damasio.[13]

Por lo tanto, voy a tratar de situar los puntos de encuentro más sorprendentes entre psicoanálisis y neurociencias. Pienso en particular en la definición de la *memoria* que nosotros identificamos parcialmente con el inconsciente y que los neurólogos explican por medio de un almacenamiento de imágenes en las neuronas. Otra cuestión es la del *ritmo* de las pulsiones en relación con el ritmo de propagación del flujo nervioso. Finalmente, abordaré la relación entre la *estructura en red* del yo y el orden espacial del sistema neuronal. Como usted ve, tenemos mucho trabajo por delante.

La memoria del dolor

Abordemos inmediatamente el problema de la memoria. ¿Qué nos enseñan los neurocientíficos? Formulan hipótesis sorprendentemente próximas a los primeros desarrollos de Freud sobre la memoria vehiculizada por las células llamadas "neuronas del recuerdo".[14] En la actualidad, algunos investigadores, entre ellos Jean-Pierre Changeux, suponen la existencia de imágenes mentales almacenadas en las neuronas llamadas "objetos mentales".[15] Otros, como Damasio, consideran que las imágenes mentales, en lugar de estar almacenadas en células, se elaboran a partir de una protoimagen que denominan "representación potencial". La aparición de un recuerdo penoso, por ejemplo, resultaría de la activación de dicha representación potencial, al no ser esta última el recuerdo mismo, sino el medio de formar el recuerdo. En realidad, la expresión "representación potencial" no designa un elemento interneuronal, sino más bien una conexión muy particular entre diferentes neuronas, a la espera de una reactivación.

Ahora bien, ya sea que las neuronas guarden una imagen almacenada o que la elaboren a partir de una representación en potencia, ¿no le parece que estas hipótesis científicas están sorprendentemente próximas a las primeras elaboraciones freudianas? Recuerde usted nuestra observación acerca de las neuronas del recuerdo capaces de conservar la imagen del objeto agresor en el origen de un primer dolor. Habíamos dicho que la reactivación de las neuronas del recuerdo por medio de una ligera excitación endógena provocaba ya sea la aparición de un dolor semejante al dolor inicial, ya sea diversas manifestaciones en las esferas del pensamiento o de la acción. Manifestaciones que el sujeto vivirá sin comprender sus razones.

Pienso incluso en otra proximidad a establecer entre el Freud de ayer y los investigadores de hoy, en lo concerniente precisamente a esas neuronas del recuerdo y a la transmisión bioquímica del flujo nervioso. En efecto, sabemos actualmente que la sensación dolorosa resulta, entre otros factores, de la mediación de una proteína denominada *sustancia P* (*Pain* significa "dolor"). El mensaje nociceptivo es transmitido cuando el axón de una neurona secreta el neurotransmisor *P*, que entra en contacto con los receptores localizados en la dendrita de otra neurona. Ahora bien, nos asombra ver en el "Proyecto" la hipótesis que sostiene la existencia de un semejante contacto químico entre las "neuronas del recuerdo" y otra categoría de neuronas llamadas "neuronas secretoras". Según Freud, estas últimas, al haber sido ellas mismas estimuladas por débiles excitaciones internas, liberarían una sustancia generadora de dolor. Sustancia que, una vez destilada, excitaría las neuronas del recuerdo, reanimaría la imagen del objeto hostil y despertaría el antiguo dolor. Se puede así imaginar que una débil excitación endógena, relevada por una sustancia secretada, sea capaz de reanimar la neurona del recuerdo y de hacer aparecer un nuevo dolor. A mi juicio, estas ideas de Freud resultan absolutamente sorprendentes considerando la época en la cual las propone (1905) y asombrosamente actuales dadas las teorías neurocientíficas modernas.

*

☐ *Usted propone la idea de una memoria inconsciente apoyándose en el concepto de "neuronas del recuerdo". ¿Podría precisar mejor la naturaleza de estas neuronas y su relación con el inconsciente?*

La memoria inconsciente y las neurociencias

Recordemos en primer lugar que en el "Proyecto", Freud concebía al yo como una red neuronal formada por dos componentes principales: las neuronas del recuerdo y las neuronas de percepción. Las primeras, también llamadas "neuronas retentivas" o "células del recuerdo" son las neuronas de la memoria. Ya nos hemos referido a ellas. Tienen la función de registrar la excitación que las afecta; de archivar la "foto" dejada por el agente provocador de la excitación (foto del objeto hostil para el dolor, foto del objeto de amor para el placer); y por último, quedan lo suficientemente despiertas como para reaccionar más adelante ante una segunda excitación, por mínima que sea. Las otras neuronas, llamadas "células de percepción" —de las que hablamos a su vez en este texto— también tienen la función de tratar la excitación, pero, a diferencia de las neuronas del recuerdo, se dejan atravesar por el flujo de excitación sin conservar su huella.

Ahora bien, usted me preguntaba justamente cuál es la relación entre las neuronas del recuerdo y el inconsciente. O, lo que es lo mismo, cómo justificar mi propuesta de considerar las neuronas del recuerdo como ancestros conceptuales de las representaciones inconscientes. Responderé simplemente afirmando que estas neuronas, así como las representaciones, poseen esta singular facultad de conservar el pasado sin recordarlo

El inconsciente es una memoria.

necesariamente en la conciencia. Del pasado se forma un recuerdo que no es consciente. ¿Qué es el inconsciente sino una memoria cuyos recuerdos no se actualizan en la conciencia, sino en nuestros actos, sueños o en nuestro cuerpo, y sin saberlo nosotros?

Oscilaciones de los signos nerviosos y ritmo de las pulsiones.

Pero retomemos nuestro cuadro comparativo entre psicoanálisis y neurobiología, abordando ahora su segundo punto de coincidencia. El mismo concierne a las variaciones temporales de la propagación de signos nerviosos, es decir al ritmo de la transmisión del flujo nervioso. Actualmente, las últimas investigaciones neurocientíficas sobre la naturaleza de la conciencia se orientan precisamente hacia el problema del ritmo y de las oscilaciones del flujo nervioso intra e interneuronal. Un científico como R. Llinàs define la conciencia como una relación armoniosa entre el ritmo de las neuronas oscilantes del tálamo y el de las neuronas de la corteza cerebral.

Justamente, esta preocupación de los neurofisiólogos por las oscilaciones y los ritmos del flujo nervioso nos lleva a Freud y al interés que le otorgaba al ritmo de las variaciones pulsionales, así como a nuestra propia manera de pensar el dolor como la expresión consciente de la ruptura de la cadencia pulsional. Es cierto que Freud no manifiesta sino tímidamente este interés por el ritmo y solamente en dos ocasiones en su obra.[16] Pero preferimos comprometernos más aún en esta vía y definir todo afecto como la expresión en la conciencia de las variaciones ritmadas de las pulsiones. Así, los sentimientos de placer y displacer no serían la expresión del nivel de intensidad de las pulsiones (placer=baja intensidad; displacer=alta intensidad), sino más bien la expresión de las oscilaciones de tensión, de la

El dolor es un afecto displacentero, pero no es el displacer.

alternancia de los aumentos y caídas de la tensión durante un período definido. Desde este punto de vista, diremos que el dolor es muy diferente del placer y del displacer. ¿Por qué? Porque no expresa un ritmo pulsional particular, sino la *ruptura violenta de ese ritmo*. Ruptura de la cadencia pulsional que, recordémoslo, corresponde al enloquecimiento de las tensiones, al fracaso del principio del placer/displacer y, por último, al cese brusco de la homeostasis del sistema económico del yo.

Ahora bien, esta hipótesis que define los afectos como la expresión en la superficie de las oscilaciones pulsionales, necesita, para ser completa, la intervención de una instancia intermediaria. Una instancia que, por un lado, detecte adentro el ritmo de las pulsiones, y por el otro, lo haga repercutir en la superficie de la conciencia. ¿Cuál es ese intermediario? Es el mismo yo, cuando ejerce su doble función de detector endopsíquico y de traductor consciente.

Como puede usted apreciar, el concepto psicoanalítico de afecto en general y de dolor en particular no puede comprenderse sin la noción de percepción endopsíquica. Percepción que, por sí misma, permite dar cuenta de esta función de "radar" del yo cuando éste registra la cadencia pulsional y la traduce en la conciencia bajo la forma de afectos agradables de placer, desagradables de displacer o incluso dolorosos. Freud ya había presentado esta noción de percepción endopsíquica del yo cuando, siempre en el "Proyecto", al estudiar las neuronas de percepción (grupo distinto de las neuronas del recuerdo), diferenciaba dos tipos particulares. En efecto, existen dos especies de neuronas de la percepción: unas que perciben las excitaciones procedentes de la periferia del cuerpo, y las otras, que captan las oscilaciones de tensión interna y las transponen en la conciencia en tanto afectos. Unas perciben solamente las estimulaciones externas, y las otras detectan los efectos internos de estas estimulaciones y las traducen en afectos conscientes.

Precisamente, es este último grupo detector y traductor el que nos interesa. Las neuronas que detectan las amplitudes y las cadencias de las tensiones internas juegan el papel de un órgano sensorial de doble faz: por un lado, captan los ritmos tensionales y, por el otro, transforman esos ritmos en afectos diversos, entre los cuales se halla el dolor. Por consiguiente, *el dolor es un afecto sentido conscientemente, que expresa variaciones intolerables y bruscas rupturas del ritmo de las pulsiones.*

La topología neuronal y la estructura ramificada del yo.

Prosigamos nuestro intercambio con las neurociencias y abordemos ahora el tercer punto de coincidencia. Si me he alejado un poco, fue para profundizar mejor este tema que me resulta muy caro, el del ritmo en su relación con algunas de mis propuestas principales sobre el dolor. Nuestro tercer punto de coincidencia concierne a la incidencia de la topología de la red neuronal en la transmisión de los signos nerviosos. Los neurocientíficos atribuyen en la actualidad un interés creciente al estudio de la disposición espacial de las neuronas. Ahora bien, yo no he podido evitar comparar la topología de la red neuronal con la topología del yo establecida por Freud en 1895.[17] Una vez más, me asombró comprobar cuántos signos precursores de los modernos desarrollos científicos modernos contienen los primeros escritos freudianos.

En aquella época, Freud imaginaba el yo como una red de neuronas organizada de tal suerte que el flujo de excitaciones que la recorría podía, según las circunstancias, encontrarse inhibido. No vacilaba, en efecto, en afirmar que "si existe un yo, debe trabar los procesos psíquicos primarios", es decir trabar la circulación de energía libre. La función del yo es la de un desacelerador del movimiento energético, y eso gracias a un orden espacial muy preciso, el de una cuadrícula. Una cuadrícula dispuesta de tal modo que una neurona demasiado investida de energía tenga la posibilidad de hacer derivar una parte de su carga hacia neuronas laterales. El yo organizado en red modera la intensidad de la tensión porque su armadura obliga a la carga energética a fragmentarse y a desviarse hacia neuronas vecinas. El sistema de las neuronas del yo se torna, así, por la singularidad de su trama, un verdadero órgano inhibidor. ¿Cómo no reconocer en esta concepción de un yo inhibidor el germen del concepto de represión? Como si la primera figura de la represión residiera en la estructura ramificada del yo.

Planteado esto, no olvidemos que la inhibición tiene un papel determinante: el de preservar al yo de un desborde de excitación que amenazaría su integridad. Ahora bien, el dolor, considerado como el más imperioso de todos los procesos psíquicos, es un estado particular de gran excitación que ninguna inhibición puede refrenar. Proceso por cierto perturbador e incontrolable, pero que respeta sin embargo la integridad del sistema. Sin duda el afecto doloroso quiebra todas las barreras internas, pero sin destruir al yo. Volvemos a encontrar, una vez más, el carácter límite del dolor que ignora la inhibición sin por ello dañar la capacidad de reacción del yo. El dolor daña pero no destruye.

Una teoría neurocientífica del dolor.

Para terminar, querría mencionar la teoría del dolor propuesta por Antonio R. Damasio. Más allá de todas nuestras diferencias, he encontrado, no obstante, en su recorrido científico, algunos puntos de analogía con nuestro propio pensamiento inspirado por el psicoanálisis. Así, Damasio distingue dos componentes en la percepción del dolor: por un lado, una percepción sómato-sensorial, que surge de la piel, de una mucosa o de la parte del órgano donde se sitúa una lesión —es la percepción de un cambio *local* del cuerpo—, y por el otro, la percepción de una perturbación *global* del cuerpo, de un cambio general del cuerpo. Es esta última percepción lo que correspondería a la emoción dolorosa.[18] Según este autor, el cerebro formaría, a partir de estas percepciones, dos imágenes del dolor que se superpondrían en el momento del sufrimiento: una imagen sómato-sensorial (imagen de un estado local del cuerpo), y una imagen emotiva (imagen del estado general y perturbada del cuerpo). El yo que, de acuerdo con Damasio, es un concepto inevitable en un pensamiento científico, jugaría el papel de un tercero, suerte de "meta-yo", que tendría por función la de realizar las síntesis y los ajustes entre estas dos imágenes. Su yuxtaposición da lugar a la emoción dolorosa.

Me sorprende volver a encontrar, formulados en términos diferentes, puntos similares a nuestros dos primeros tiempos del proceso de formación del dolor. En efecto, recuerde usted, hemos distinguido tres momentos en la génesis de todo dolor: el tiempo de la lesión, el de la conmoción, y por último el de la reacción. Durante el primer tiempo, el dolor resulta de la percepción de parte del yo de la excitación periférica inherente a la lesión; durante el segundo, resulta de la percepción, siempre de parte del yo, del enloquecimiento de las tensiones pulsionales. Ahora bien, la propuesta de Damasio de una percepción sómato-sensorial y de la imagen sensorial que deriva de ella evoca nuestra propuesta de una percepción de la lesión y de la representación del cuerpo lesionado que de ella resulta. En cuanto a la otra percepción descripta por Damasio, aquella de donde proviene la cualidad emotiva, y que él caracteriza como una percepción de una perturbación global del cuerpo, recuerda nuestro segundo tiempo de la formación del dolor, a saber la autopercepción de parte del yo del estado de conmoción interna.

Mientras que este autor habla de percepción del estado perturbado del cuerpo, nosotros proponemos la idea de una percepción interna e inmediata de las variaciones bruscas de las tensiones pulsionales, o más exactamente, de la ruptura del ritmo de las pulsiones. Como si, para dar cuenta de la emoción dolorosa, Damasio se hubiera apoyado en la percepción global del cuerpo sin atreverse a imaginar que no es el cuerpo lo que resulta percibido, sino el psiquismo. La diferencia entre nosotros podría condensarse en una réplica: "el cerebro percibe el estado perturbado del cuerpo, y de allí surge la emoción dolorosa", diría Damasio; a lo cual yo respondería: "el yo trastornado autopercibe el trastorno pulsional y, a partir de allí, emana el dolor".

*

□ *¿Podría retomar el dolor psicógeno? ¿Cómo comprender que un dolor se localice en tal lugar del cuerpo y no en otro?*

El dolor psicógeno

Recordemos, para empezar, que el dolor psicógeno no es un dolor psíquico, sino un sufrimiento corporal, mínimo o máximo, agudo o crónico, cuyo origen es psíquico (*psicógeno* significa "de origen psíquico"). Es un dolor somático experimentado por el sujeto, sin razones orgánicas para justificarlo, al cual se atribuye, a falta de algo mejor, una causa psicológica, en general desconocida. Se trata de dolores físicos persistentes, las más de las veces erráticos y engañosos. Cuando se fijan en tal lugar del cuerpo, su localización sigue siendo, por cierto, enigmática. Generalmente, el paciente describe su dolor con complacencia, utilizando un lenguaje rico en detalles, o a veces de manera confusa o evasiva. Pero lo más importante es la relación particular que el paciente mantiene con su dolor. Este habla de su sufrimiento como si hablara de otro, caprichoso y exigente, que habitaría su cuerpo.

Establecida esta cuestión, antes de responder a su pregunta sobre el lugar elegido por el dolor para aparecer, necesito plantear previamente esta otra interrogación: "¿Cuáles son los orígenes psíquicos de este sufrimiento psicógeno sentido en el cuerpo sin causa orgánica situable?" Le propongo tres orígenes posibles del dolor psicógeno.

La primera de las causas psíquicas capaces de provocar una algia psicógena presupone la idea *de un cuerpo dotado de memoria*. Recuerde usted nuestras palabras del comienzo. Un dolor antiguo, intenso y sentido en un punto del cuerpo, ha dejado tales huellas en el inconsciente que, más adelante, una excitación interna o externa —una situación de estrés por ejemplo— podrá suscitar un dolor menor en el mismo lugar o en otra región corporal. Es este segundo dolor, recuerdo somático de un dolor pasado, el que se presentará a los ojos del clínico como un sufrimiento físico muy real pero injustificado.

La segunda hipótesis de un origen psíquico se apoya en la teoría freudiana que considera la *conversión histérica* como el salto de lo psíquico a lo somático. Una pulsión reprimida salta del campo del inconsciente al del cuerpo y se transforma en dolor somático. Una emoción pasada, ya olvidada, pero que permanece activa en el inconsciente en tanto pulsión, se convierte por ejemplo en una algia muscular inexplicada. Ahora bien, ¿qué parte del cuerpo será elegida por la pulsión para manifestarse como sensación dolorosa? O, lo que es lo mismo: ¿en qué zona corporal será sentido el dolor? Este va a localizarse precisamente en la parte del cuerpo concernida antaño por una emoción perturbadora e intensa, esa emoción que fue la emergencia momentánea de una pulsión inconsciente. La zona corporal marcada por una emoción de esa índole queda entonces impresa en el inconsciente a la manera de una imagen.

Tomemos el ejemplo de esa joven histérica que sufre contracturas en el muslo derecho. Nos hemos enterado en el transcurso de la cura de que, poco antes de la aparición de estas algias, cuidando a su padre enfermo, la paciente, sentada a la cabecera del lecho del enfermo, había tomado la cabeza del padre para apoyarla tiernamente en su muslo derecho. En ese instante,

> *"Pero por fin, ¿qué es pues lo que se transforma en dolores físicos? Se responderá: algo que habría podido y que habría debido dar origen a un dolor moral."*
> Freud

había sentido un extraño embarazo, mezcla de vergüenza y de placer incestuoso. Esta corta secuencia nos muestra muy bien el surgimiento imperioso de una pulsión incestuosa reprimida por el pudor (represión) y vivida como una perturbación embarazosa. Semejante emoción permanecerá entonces asociada a ese lugar preciso del cuerpo, el muslo derecho, lugar de deseo culpable hoy, lugar de dolores físicos mañana.

¿Qué ha sucedido? La pulsión incestuosa ha aflorado a la conciencia como sentimiento de molestia. Luego ha regresado al inconsciente llevando la imagen del muslo o más exactamente la imagen táctil del contacto sensual entre la piel del muslo y los cabellos del padre. Más adelante, la pulsión ha reaparecido bajo la forma de contracturas dolorosas localizadas en el lugar mismo donde la cabeza del padre se había apoyado. La sensación erógena y culpable de un día se ha vuelto, retrospectivamente, sensación dolorosa sin razón aparente.

Mientras que este segundo origen del dolor psicógeno —el de la conversión histérica— se explica por la transformación de una pulsión en dolor inmotivado, la tercera causa psíquica se refiere a *otro modo de relaciones entre pulsión y cuerpo*.

Retomemos el ejemplo de la joven y modifiquémoslo a fin de ilustrar nuestra tercera explicación. Imaginemos que, en el momento en que su padre apoya la cabeza en la pierna y ella se siente molesta, surja fortuitamente un calambre en el hombro. La molestia, forma adoptada por la pulsión incestuosa para manifestarse, coincide pues con la aparición de una algia muscular en el nivel del hombro. Así, podemos decir que la pulsión encuentra por casualidad un dolor trivial sobreagregado. En consecuencia, este dolor accidental muscular marca la pulsión, y sus destinos se enlazan para siempre. Y bien, en nuestro ejemplo, la pulsión marcada por el dolor del hombro se transformará más adelante en una sensación dolorosa situada justamente en el hombro y sin motivo que lo explique. Es decir que una pulsión reprimida puede convertirse en cuerpo sufriente porque ha sido antaño mordida, "taladrada" por un antiguo dolor orgánico, por poco importante que sea. Daremos a este tercer mecanismo el nombre de *huella somática sobre la pulsión*. En otros términos, un dolor banal, aparecido en tal lugar del cuerpo y asociado al surgimiento de una pulsión, ha facilitado la vía a la mencionada pulsión para que, mañana, surja bajo la forma de una sensación dolorosa inexplicada, en el mismo lugar del cuerpo.

Si ahora queremos comparar el origen histérico del dolor psicógeno con este otro origen que acabamos de despejar, propondremos la siguiente observación: mientras que lo propio de la conversión histérica está contenido en la fórmula freudiana del "salto enigmático de lo psíquico a lo somático", de la pulsión al cuerpo, la tercera causa del dolor psicógeno está contenida en una fórmula más amplia: el salto de lo somático a lo psíquico y, además, de lo psíquico a lo somático. El salto de un dolor orgánico a la pulsión, y de la pulsión a un "dolor psicógeno".[19]

Unas palabras sintéticas para terminar. El dolor llamado psicógeno, por lo tanto, puede definirse de tres maneras diferentes. En primer lugar como la reviviscencia dolorosa de un antiguo dolor orgánico olvidado: el dolor psicógeno es aquí el *recuerdo* en el cuerpo de un antiguo dolor. Además puede definirse como la expresión dolorosa de una pulsión reprimida que en otros tiempos ha marcado tal lugar del cuerpo; es el caso de la *conversión*. Y, por último, puede suceder que el dolor psicógeno manifieste una pulsión que haya sido marcada ella misma por un dolor orgánico pasado: es el caso de la *huella somática*. Pienso haber respondido a su pregunta sobre la elección del lugar de aparición de un dolor psicógeno. Puede aparecer allí donde ha aparecido un antiguo dolor del que es el recuerdo. O bien aparecer en el lugar antaño marcado por una pulsión, o aun en el lugar donde la pulsión había sido marcada por un viejo dolor.

*

☐ *Usted ha definido el dolor inconsciente como un encadenamiento de acontecimientos que comienza con un trauma doloroso y culmina con el despertar de ese trauma. Pero, ¿cómo se puede hablar de un dolor que sería a la vez sentido e inconsciente?*

El dolor inconsciente

Prefiero responderle proponiéndole un esquema que separe nítidamente el pasado del presente, es decir el dolor traumático pasado y su reaparición en un dolor presente. Espero mostrarle así que el dolor inconsciente es otra cosa que una sensación no consciente. No es un objeto en sí, sino una relación entre dos objetos, o más exactamente, *una relación entre dos acontecimientos*: uno pasado, el otro actual. Comencemos entonces por el pasado.

En el pasado, se ha producido un incidente real en el transcurso del cual un objeto agresor ha provocado un dolor (D1) muy intenso, incluso fulminante (lo hemos llamado dolor de conmoción).

Entonces se forma una representación psíquica inconsciente que conserva la huella del objeto agresor bajo la forma de una foto, de una imagen mnémica de dicho objeto. La representación así formada entraña dos partes: un continente imaginario que es la imagen recuerdo del objeto agresor, más exactamente de un detalle de ese objeto, siendo la otra parte la carga de energía que hace viva la imagen, y que denominamos investidura. La unión de la imagen y de su investidura constituye la representación psíquica propiamente dicha. Más allá de esta precisión, me he tomado la libertad de emplear indistintamente las palabras "imagen" y "representación".

El dolor (D1) ha sido tan perturbador que la huella de su pasaje sigue siendo extremadamente sensible a nuevas excitaciones o a nuevas investiduras. La más mínima impresión podrá, en consecuencia, hacerlo reaccionar. En una palabra, el pasaje fulminante del dolor de la conmoción ha dejado por lo tanto dos huellas: la foto del agresor, y la excitabilidad de esta foto a cualquier nueva investidura, por mínima que sea.

Volvamos ahora al presente. Así sensibilizada, la representación recibe entonces una investidura circunstancial, es decir una estimulación puntual y ocasional. No bien la imagen se reaviva, se produce una descarga refleja bajo la forma de un nuevo dolor (D2). El sujeto que sufre hoy experimenta pues un dolor (D2) sin por ello establecer el menor lazo con el incidente inicial doloroso.

Puede ocurrir también que la reactivación de la imagen mnémica del objeto agresor dé lugar no a un segundo dolor, sino a otras manifestaciones en la vida cotidiana del sujeto: sueños, comportamientos inexplicados o estados afectivos particulares. Pero, ¿qué es lo que hace que la reactivación de la imagen mnémica se manifieste por medio de un dolor más bien que por medio de otra perturbación? Ello depende del tipo de estimulación que ha venido a despertar la imagen, o bien de otros elementos secundarios que se le han asociado.

Pero retengamos sobre todo lo siguiente. El sujeto que experimenta actualmente un dolor, o que padece perturbaciones en su vida cotidiana, no tiene ni la menor idea del esquema temporal que acabamos de establecer. Esquema que comienza con un dolor inicial olvidado, prosigue con la reactivación de su huella inconsciente, y culmina en la experiencia vivida de un dolor o de un desarreglo de la vida cotidiana.

En consecuencia, llamamos dolor inconsciente al conjunto del proceso ignorado por el sujeto que ha comenzado con un dolor traumático y culminado con la vivencia actual de una experiencia penosa. *El dolor inconsciente es finalmente el nombre que le adjudicamos a un circuito, impreso por un dolor sentido, reactivado por una excitación ocasional y manifestado por último por otro dolor sentido.* Es el conjunto de ese circuito reactivable, sustraído a nuestra conciencia, lo que se denomina dolor inconsciente. Por lo tanto vemos bien que, en sí mismo, el dolor inconsciente no es "una sensación sin conciencia", pura, simple y desconocida como habría dicho Maine de Biran, sino un encadenamiento desconocido de acontecimientos que culmina en el dolor que vivo hoy.[20]

Seguramente, el dolor inconsciente no existe sino en la actualidad concreta de mi dolor presente. Si queremos ser aun más exactos, debemos modificar nuestra frase y afirmar: el dolor inconsciente sólo existe después de la aparición del dolor de hoy. ¿Por qué agregar "después"? Pues porque no puedo deducir la existencia del dolor inconsciente sino retroactivamente, a partir de los primeros balbuceos de mi dolor actual. Pero este dolor sin razón situable me interroga como un enigma. Es justamente su naturaleza oscura lo que me incita a volver al pasado y a restablecer finalmente el encadenamiento de acontecimientos que lo han determinado. Este retorno al pasado, ¿es acaso otra cosa que el gesto de quien escucha el enigma del dolor? He aquí lo que queremos dar a entender. El dolor inconsciente sólo existe en la retroactividad de la escucha.

*

☐ *Pensaba en el modelo de la conversión histérica que usted ha utilizado para dar cuenta del dolor psicógeno, y me preguntaba si los dolores corporales más comunes no entrañan siempre una parte de histeria.*

Dolor, histeria y psicosis

Su pregunta se inserta sin duda en nuestro recorrido, siendo por ello totalmente pertinente. Pienso, en efecto, que todos los dolores que nos afectan, desde el más serio hasta el más banal, entrañan una parte de histeria. Podríamos formularlo de otro modo: el dolor orgánico se origina parcialmente según el mecanismo de la conversión histérica. No obstante, por el contrario, suelo interrogarme acerca de la afinidad entre la formación de un dolor corporal y la génesis de un síntoma psicótico. Como si la eclosión de un dolor corporal evocara a veces la eclosión de una histeria, a veces la de una psicosis. En realidad, la elección entre histeria y psicosis depende de nuestra manera de concebir el destino de la representación del cuerpo lesionado. Recuerde usted una de las hipótesis principales respecto del engendramiento del dolor: la sobreinvestidura de la imagen mental de la región lesionada y dolorida del cuerpo. El problema, precisamente, consiste en saber hasta qué punto el yo puede soportar esta representación que se le ha vuelto incompatible. Habíamos propuesto que dicha representación estaba excluida del conjunto de las otras representaciones del yo; es decir que era inconciliable con el resto del sistema. Sea. Pero la pregunta que se impone ahora es la de su grado de exclusión. ¿Queda excluida y permanece al mismo tiempo vinculada a las otras representaciones? ¿O bien está excluida al punto de ser repudiada hasta verse expulsada del yo, como si el yo hubiera arrancado de sus entrañas esa parte dañina de sí mismo para arrojarla afuera?

Esta interrogación puede parecer abstracta y puramente especulativa, pero, sin embargo, plantea un problema clínico de la más alta importancia para el practicante. Trataré de ser más claro: si la representación psíquica estuviera alejada pero permaneciendo en el seno del sistema, el dolor corporal se explicaría por medio de un mecanismo de conversión emparentado con el de la histeria. El dolor sería entonces el suplente somático de un elemento simbólico o, en otros términos, la expresión somática de la representación del cuerpo lesionado. Según esta orientación, haríamos del dolor corporal un síntoma histérico, o incluso concluiríamos que todo sufrimiento físico, sea cual fuere, entraña una parte de histeria. Podríamos incluso enunciar que la parte psíquica en el origen de todo dolor orgánico está sometida a las mismas leyes de la conversión histérica.

Si, por el contrario, seguimos la otra orientación que considera la exclusión de la representación del cuerpo lesionado como una expulsión radical del yo, asimilaríamos el mecanismo del dolor corporal al de la forclusión, mecanismo específico de la psicosis. En este caso, deberíamos sacar otra conclusión: todo dolor psíquico obedece a las mismas leyes de producción que una alucinación psicótica.

Finalmente, ¿qué posición adoptar? No podemos zanjar la cuestión. Comprobamos una vez más cómo y cuánto el dolor se nos escabulle entre los dedos y elude la razón. Y cuánto se sitúa no sólo en el límite del cuerpo y del alma, sino también en la frontera entre histeria y psicosis.

*
* *

Cuadro comparativo entre el dolor corporal y el dolor psíquico

DOLOR CORPORAL	DOLOR PSIQUICO O DOLOR DE AMAR	
	A. *Pérdida del ser amado*	B. *Pérdida de la integridad corporal*
• La lesión está localizada en el cuerpo. • El dolor es vivido, equivocadamente, en el cuerpo, pero en realidad está en el cerebro para la sensación dolorosa y en el yo para la emoción dolorosa. • El dolor nos parece exterior y remediable. Me estorba como un mal provisorio.	• La lesión está localizada, equivocadamente, en el mundo exterior: desaparición de la persona del amado. En realidad, está situada en el punto en que mi *sensibilidad* más íntima se ha desprendido brutalmente de la del otro amado; donde mi *imagen* interior oscila por la falta del soporte que era su persona; y al punto en que mi sistema *simbólico* desfallece por falta del pivote que era el ritmo de nuestra pareja. La lesión está situada en el derrumbe del fantasma. • El dolor nos parece interior, absoluto, irremediable, y a veces incluso necesario. Está alojado en mí como mi sustancia vital.	• Se ama al propio cuerpo como el otro más amado. Sufrir la amputación de una pierna causa el mismo dolor atroz interior que perder al ser más querido. Esta pérdida exige un verdadero trabajo de duelo que nos enseñará a amar al nuevo cuerpo desprovisto de una pierna. • La lesión que provoca el dolor corporal se sitúa en el nivel de la amputación, pero la que causa el dolor psíquico se sitúa en tres planos diferentes parecidos a los que definen la pérdida del ser amado: el de la *sensibilidad* (la pierna es una parte de mi todo sensible); el de lo *imaginario* (la imagen de la ausencia de pierna cambia la imagen de mi cuerpo); y el de lo *simbólico* (el orden psíquico pierde una de sus principales referencias, que es la integridad del cuerpo).

*Lecciones
sobre
el dolor*

Lección I
El dolor, objeto de la pulsión sadomasoquista

*

Lección II
El dolor en la reacción terapéutica negativa

*

Lección III
El dolor y el grito

*

Lección IV
El dolor del duelo

Las páginas que siguen son la transcripción de una enseñanza oral que dio origen a esta obra. Pese a la diferencia de estilo entre las lecciones que ustedes van a leer a continuación y los capítulos anteriores, hay una única y sola intención que atraviesa nuestro libro: elevar el dolor al rango de concepto psicoanalítico. En el transcurso de estas *Lecciones*, marcadas por la influencia de la teoría de Lacan, descubrirán ustedes la propuesta de un pensamiento que se construye y no la transmisión de un saber ya establecido. En consecuencia, para ser fiel a este espíritu de investigación, he preferido conservar el tono oral, los rodeos obligados y los cuestionamientos que jalonan, inevitablemente, los caminos de una elaboración. Empero, hay una hipótesis bien definida que orienta todo nuestro recorrido: el dolor es una de las figuras más ejemplares del goce; del goce no en el sentido de placer sexual, sino entendido como la tensión máxima soportada por el psiquismo. Por ende, el dolor es el último grado de un goce en el límite de lo tolerable.

Lección I
El dolor, objeto de la pulsión sadomasoquista

El dolor es una de las formas
de aparición de la sexualidad en la transferencia

Esbocemos el paisaje de nuestro problema. ¿Por qué interesarse en el dolor? ¿Dónde se sitúa la cuestión del dolor? Les recuerdo ante todo que nos gobierna una tesis que defiendo particularmente, a saber identificar la relación transferencial con el inconsciente. Ya hemos propuesto esta idea hace dos años, y, desde entonces, trato de mantenerla; es nuestro punto de partida. También se podría formular que la transferencia, a semejanza del inconsciente, está estructurada como un lenguaje; me parece una propuesta nueva que abre diversos campos de investigación. Justamente, tuve la oportunidad de comentar, para una revista norteamericana, una obra dedicada a la transferencia escrita por un psicoanalista de renombre en los Estados Unidos, Merton Gill. En dicho artículo, dirijo al autor el siguiente mensaje: finalmente, no hay nada que una tanto a dos seres entre sí como el hilo de los significantes que les son comunes. Esto implica que, en diferentes momentos de la cura, el analizante y el analista son capaces de decir sin saber lo que dicen. Nada nos une tanto al otro como responderle con una réplica cuyo alcance desconocemos. Semejante entrelazamiento de significantes une mucho más que todo amor o que todo odio. La transferencia es, por consiguiente, mil veces más poderosa en el nivel de los lazos significantes que en el nivel de las relaciones afectivas.

Ahora bien, en esta transferencia estructurada como una red significante, está la sexualidad que emerge, tal como emerge en el inconsciente. Llamemos ahora "goce" a dicha sexualidad, y preguntémonos cuáles son las formas en las que se presenta el goce en la relación analítica. ¿Cómo se manifiesta la sexualidad en la relación analítica? ¿Acaso basta el amor? ¿Acaso al decir "hay amor de transferencia" se autoriza la postulación de la presencia de la sexualidad? Estos son los interrogantes que se articulan con el problema del dolor. En efecto, creo que el dolor es una de las formas de aparición de la sexualidad en la transferencia o, más aún, del goce. Esto es lo que estamos intentando investigar, desprender, comprender. Ahora bien, entre estos interrogantes generales que apuntan a situar las diferentes formas del goce en la transferencia y aquel más particular que quiere saber si el dolor es una de estas formas, se sitúa el siguiente eslabón intermediario: creo —he aquí mi hipótesis— que todas las formas de goce en el interior de la relación transferencial están dominadas por el objeto. Habré de denominar estas diversas figuras del goce *"formaciones del objeto a"*. Esta denominación que las ensambla es una manera de imponerme la tarea de encontrarles una lógica común. Así, estudiaremos el dolor, e intentaremos saber si responde o no a la lógica propia a las formaciones del objeto *a*, es decir si la aparición del dolor en el seno de la cura obedece a las mismas leyes que las de las manifestaciones del goce en la transferencia.

Por lo tanto, ésta es la perspectiva desde la cual habré de abordar el tema del dolor. Recordemos que ya habíamos puesto el acento en la noción de dolor como excitación.[21] Nos hemos referido al "Proyecto",[22] donde hemos encontrado la definición del dolor corporal como una excitación violenta que hace efracción en el sistema de paraexcitaciones del aparato psíquico. La única observación que me parece importante retener hoy en día es que el dolor, considerado desde el ángulo de una excitación traumática, no responde a los criterios de placer y displacer. Ciertamente, es un afecto penoso y desagradable, pero posee una cualidad muy diferente del displacer. Recordemos que la sobrevenida del dolor significa la abolición del principio de placer/displacer regulador del funcionamiento de nuestro psiquismo. Así, podríamos afirmar que cuando hay dolor, estamos más allá del principio del placer.

*

El dolor inconsciente es una satisfacción sexual

Ahora vamos a intentar concebir el dolor como objeto. Podemos comenzar por el sesgo de dos interrogaciones presentes en la obra freudiana, que no están nítidamente formuladas. Quisiera que estas interrogaciones fueran las de ustedes: ¿Cómo puede un dolor suscitar satisfacción sexual?" y "¿Cómo puede un dolor ser inconsciente?"

Comencemos por la primera, dado que la segunda se insertará por sí misma en la continuación de nuestra demostración. Por lo tanto preguntémonos: "¿Cómo es posible que un dolor dé lugar a una satisfacción sexual?" Para esta pregunta Freud propone una respuesta que no nos conforma. Responde utilizando el concepto de apuntalamiento, según el cual una excitación sexual se apuntala y surge a partir de una excitación corporal; en nuestro caso, se podría decir que la excitación sexual se apuntala en una sensación dolorosa. Freud sostendrá, a lo largo de sus textos, que el dolor físico, en tanto excitación que sobrepasa cierto umbral cuantitativo, puede ser el soporte o la fuente de un placer sexual perverso. En realidad, desde el punto de vista analítico, todo placer sexual es un placer perverso ya que está al margen de la vida fisiológica del cuerpo. El placer sexual es un "plus" que se agrega a la estricta satisfacción de una necesidad o de un desarreglo del cuerpo. Siempre se trata de un placer que parasita el cuerpo. Así, por ejemplo, un dolor físico puede dar lugar perfectamente a una excitación y a una satisfacción de naturaleza sexual. Es la posición adoptada por Freud en dos de sus escritos, *Tres ensayos de teoría sexual*[23] y luego, veinte años más tarde, "El problema económico del masoquismo".[24] En otra parte, en "Pulsiones y destinos de pulsión",[25] Freud tomará a veces una posición opuesta, observando que es el dolor psíquico el que, inversamente, desborda y avanza sobre el terreno sexual. Ahora bien, ya sea que el dolor desborde a la sexualidad o que la sexualidad desborde al dolor, siempre se trata de una coexistencia. Freud nombra a la relación como una "coexcitación libidinal". Es así como respondería a nuestra pregunta, diciendo que la coexcitación libidinal explica por qué se puede encontrar un gusto perverso en una vivencia dolorosa.

Pero, como decía, esta respuesta no nos basta; necesitamos ir más lejos. Tenemos que hacernos una pregunta que, finalmente, uno no se plantea demasiado a menudo: ¿cuál es la génesis de la sexualidad? ¿De dónde viene? La respuesta de Freud y, más tarde, la de Lacan, son más o menos semejantes. La sexualidad emerge en nuestra relación con los orificios del cuerpo; allí donde hay bordes, insuficiencias, labios palpitantes, donde el cuerpo se estremece, se abre y se cierra. En efecto, hay un desfase temporal entre la pulsión que brota por irrupciones parciales y desorganizadas y un yo inmaduro que no está listo para integrar estos desbordes incontrolables del deseo. Freud lo enuncia a su manera, situando al yo *más acá* de las pulsiones sexuales que no consigue integrar, y *más allá* de esas mismas pulsiones, cuando el yo se imagina el cuerpo más maduro de lo que es.

Con Lacan la cuestión es más clara dado que inventa el famoso estadio del espejo. En este estadio, se trata finalmente de una discordancia, de una fuerte distancia entre un cuerpo prematuro y la imagen anticipatoria de ese mismo cuerpo ya maduro. Por lo tanto, se trata de una distancia temporal entre un cuerpo insuficiente y su imagen reflejada, demasiado unitaria y demasiado elaborada. O incluso entre un cuerpo que experimenta el hormigueo inquietante de las sensaciones internas y una imagen, delante de él, unitaria y jubilosa, que lo refleja. La sexualidad surge allí, en la discordancia entre nuestro cuerpo insuficiente y un imaginario demasiado anticipatorio de una madurez que jamás será verdaderamente alcanzada. Es en esta separación de niveles, entre estos dos planos del cuerpo y la imagen, donde podrán ustedes situar el punto de nacimiento de la libido concebida como una suerte de energía hidráulica.

Pero el estadio del espejo no nos ofrece aún la matriz completa de la génesis de la sexualidad. Lo que nos brinda esta matriz completa es una discordancia, sí, pero no entre un cuerpo prematuro y una imagen, no entre un cuerpo desfalleciente y una imagen anticipatoria, sino entre el deseo del niño y el de la madre. La discordancia esencial, casi axiomática para el psicoanálisis, consiste en que el deseo del niño es absolutamente inoperante ante el deseo de la madre. Más aún, podemos calificar a uno de los deseos como impotente y al otro como imposible, y formular que la impotencia del deseo del niño —impotencia de los medios físicos necesarios para llevar a cabo el acto sexual— se enfrenta con el carácter imposible, es decir inadmisible, del deseo de la madre. Es en esta discordancia vivida por el niño entre la impotencia de su deseo y la inaccesibilidad del deseo del Otro donde se sitúa, en la etapa fálica, en el momento del complejo de Edipo, el nacimiento de la sexualidad. Cambiemos los términos, y en lugar de decir "nacimiento de la sexualidad", digamos "aparición del falo como significante". A partir de este desacuerdo marcado entre un deseo insuficiente, prematuro —el del niño—, y el deseo intolerable e imposible de la madre, surgirá el falo como significante que viene a marcar todas las disimetrías entre impotencia e imposibilidad, o entre la prematuridad y el engaño imaginario de un Todo posible.

*

El dolor, un nuevo objeto de la pulsión

A partir de esta conjetura, en la que vemos nacer e imponerse el falo, la teoría analítica afirma que todos los objetos, a los que caracterizamos como objetos de pulsión —la voz, el seno, la mirada, etc.— siguen exactamente la misma separación, el mismo desprendimiento del cuerpo que el falo. De la misma manera como nació el falo, nacerá el seno como objeto de la pulsión oral, la mirada como objeto de la pulsión escópica, la voz como objeto de la pulsión invocante, y las heces como objeto de la pulsión anal. Les propongo admitan que el dolor se engendra en el mismo molde y obedece a las mismas condiciones de nacimiento que todos esos objetos. Observemos, no obstante, que el falo, a diferencia de todos los objetos pulsionales —dolor inclusive— no sólo se desprende del cuerpo, sino, sobre todo, se constituye en significante. El falo es el único objeto capaz de devenir significante. Con ello quiero decir que el seno, como objeto de pulsión oral, la mirada, etc., son por cierto objetos que se forman en el cruce del complejo de castración, pero ninguno de ellos tendrá jamás, como el falo, la posibilidad de ser significante. Todos ellos son una suerte de procesos abortados que no consiguen constituirse en significantes. Muy distinto es lo que sucede con el pene. En la época edípica, en la relación del deseo del niño con el deseo de la madre, el pene no es un objeto que se pierde, sino un objeto amenazado. La castración no es, hablando con propiedad, una pérdida o una mutilación, sino solamente una amenaza. Amenaza que suscita una angustia tal que el niño está obligado a encontrar una solución a su atolladero. Para alejar la amenaza de la mutilación de su órgano, encuentra la salida más humana posible: la de inventar un significante. Para salvar al pene, lo transforma en símbolo. Ahora bien, la diferencia entre el pene y todos los otros objetos consumables por el deseo y separables del cuerpo es que el pene sigue siendo la única parte del cuerpo capaz de devenir significante. No habrá un seno significante, ni una voz significante, ni siquiera heces significantes, por la sencilla razón de que ninguno de esos objetos se desprende bajo el imperio de la amenaza y la angustia. Así, ninguna de esas partes separables del cuerpo accederá al rango de significante. En cambio, seguirán estando subordinadas a orificios erógenos y caducarán bajo la égida del deseo sexual. Como si el deseo sexual estuviera atraído por esos objetos, los consumara, y luego los arrojara. El objeto de la pulsión, como el chupete o el pezón materno, es por lo tanto un objeto descartable: una vez utilizado por nuestros deseos, lo dejamos caer y pasamos a otra cosa, a otro objeto. Es lo que Lacan habría llamado la "caída del objeto *a*". El destino del pene es muy diferente; no sólo no cae sino que será elevado al estatuto de significante del deseo. Ahora bien, justamente, cuando el deseo consuma un objeto y de éste persiste un residuo, la caída de este resto obedece a la lógica del deseo sexual y de su significante, el falo. La relación del niño con el seno es una relación dominada por el deseo: busca el seno, lo consume y luego lo abandona. Diremos entonces que el destete es una separación regida por el significante fálico por la simple razón de que el falo es el significante del deseo. Observemos de paso que el atractivo para el seno es, desde el punto de vista que sostenemos aquí, una expresión del deseo sexual del lactante, y que el placer de chuparlo es de orden sexual.

Justamente, en la actualidad, es en este proceso de separación donde hay que precisar mejor la problemática del dolor, y no tratando la cuestión del seno o de la mirada. La idea que me gustaría proponer con ustedes a partir de esta lección es que *habría que agregar el dolor a la lista de los objetos pulsionales* y concebir su desprendimiento del cuerpo como una separación operada por el significante fálico. Ahora bien, ¿cuáles son las condiciones que permiten pensar y verificar que el dolor es fálico, es decir que el dolor es un objeto consumible por la vía del deseo? En otros términos, ¿cómo concebir que el dolor pueda satisfacer un deseo que es esencialmente sexual? Hay tres condiciones que me interesa enunciar:
• Para que haya deseo sexual, debe haber un Otro presente.
• Para que haya deseo sexual, hace falta un movimiento de la pulsión que siga un trayecto circular compuesto de tres curvas: la primera, activa, que va hacia el Otro; la segunda, pasiva, procedente del Otro; y la tercera, activa, dirigida hacia sí mismo.
• Por último, para afirmar que el dolor es un objeto de satisfacción sexual, debe demostrarse que es un objeto-agujero. Esta segunda condición es la que resulta más difícil de admitir.

*

☐ *¿Puede hablarse de una "erotización" del dolor?*

En el concepto freudiano de coexcitación libidinal encontramos la explicación de lo que usted llama "erotización del dolor". Sabemos que una vivencia dolorosa puede constituirse en la fuente de un placer sexual. Pero también se puede comprender de otro modo la así llamada "erotización". Imaginemos una fractura de pierna. El sujeto reacciona instantáneamente invistiendo narcisísticamente la lesión ósea que lo hace sufrir. Freud habría declarado que el yo sobreinviste narcisísticamente el lugar doloroso del cuerpo. Más exactamente, sobreinviste la representación psíquica de la zona lesionada y dolorosa. Freud no dice que hay una sobreinvestidura narcisística en el lugar lesionado del cuerpo, sino en la *representación* mental de dicho lugar. Ahora bien, ¿qué es el representante psíquico del punto doloroso? Nada más que una representación aislada en la red de las representaciones yoicas. Les recuerdo que una de las definiciones del yo lo sitúa en tanto proyección mental de la superficie del cuerpo. El yo, en efecto, es una proyección mental tópica. Es decir que la representación sobreinvestida narcisísticamente es una imagen mental, una representación de tal o cual zona corporal. Probablemente, la sobreinvestidura afectiva y energética del representante psíquico del lugar herido puede comprenderse como una sobreexcitación libidinal equivalente al placer sexual perverso "apuntalado" en una función fisiológica. Desde este punto de vista, un dolor corporal entrañaría necesariamente cierta erotización. A propósito de erotización, quisiera leerles una hermosa cita de Freud. Para explicar la erotización como la sobreinvestidura de una excitación, utiliza el modelo del pene en erección. Escribe Freud: "Ahora bien, el modelo que conocemos de un órgano de sensibilidad *dolorosa*, que se altera de algún modo y a pesar de ello no está enfermo en el sentido habitual, son los genitales en su estado de excitación. En ese estado reciben aflujo sanguíneo, se hinchan, se humedecen y son sede de múltiples sensaciones. Llamemos a la actividad por la cual un lugar del cuerpo envía a la vida anímica estímulos de excitación sexual, su *erogeneidad* [es decir investir afectivamente las representaciones mentales del cuerpo]. [...] Podemos decidirnos a considerar la erogeneidad como una propiedad general de todos los órganos..."[26]

*

El dolor, objeto del fantasma sadomasoquista

Pero retomemos nuestra pregunta: ¿cómo aceptar que un dolor sea una satisfacción sexual? Habríamos podido conformarnos con responder que el dolor es un goce fálico. Pero suele suceder que frases hechas nos obliguen a retomar las cosas desde su punto de partida. Calificar el dolor de goce fálico equivaldría a decir que el dolor es un goce sexual engendrado bajo la égida del deseo sexual y de su significante, el falo. Por lo tanto deberíamos volver a encontrar en el origen del dolor la misma coyuntura edípica en la que el deseo impotente del niño se enfrenta con el deseo inaccesible de la madre. No obstante, ya les he dicho que esta respuesta no nos bastaba y que nada esclarecía para comprender el dolor de la melancolía o el de la histeria, por ejemplo. Para que un dolor sea considerado como un goce sexual hace falta más que la reproducción de la coyuntura fálica. Aún deben reunirse las tres condiciones que acabo de enunciar.

Ahora bien, estas tres condiciones se verifican nítidamente cuando abordamos el dolor como objeto de la pulsión sadomasoquista. Sin detenerme en el concepto general de pulsión, y antes de considerar lo que me parece lo esencial para nosotros, quisiera simplemente hacer algunas observaciones a propósito de la pulsión sadomasoquista.

En primer lugar, digo "pulsión sadomasoquista" y no "perversión sadomasoquista"; la pulsión, en efecto, no es la perversión. La diferencia es clara: en la pulsión, el objeto se presenta como en estado desnudo, desembarazado de toda apariencia, mientras que en la puesta en escena perversa, lo que otorga coherencia y ajusta el libreto perverso es, precisamente, la apariencia del objeto pulsional. Por ejemplo, el objeto de la pulsión escópica es la mirada, pero lo que cuenta en la perversión del *voyeur* o del exhibicionista no es la mirada en sí misma, sino la forma, la apariencia de la mirada. Ahora bien, ¿cuál es la apariencia de la mirada en el caso del *voyeur*? Es el pudor del otro, el rubor de la niña ante el hecho de que alguien la descubra desnuda. O bien la sorpresa, la vergüenza y la cólera de la pareja abrazada delante de quien, disimulado, los observa haciendo el amor. Lo que busca el *voyeur* es sorprender, verdaderamente, no la intimidad de la pareja, sino el momento en el que los *partenaires* sorprendidos van a cubrirse de vergüenza y a reaccionar con violencia. Así, pues, en la perversión, lo que cuenta no es el objeto, sino la apariencia del objeto, es decir los efectos que el objeto provoca y la situación que crea. Mientras que en la pulsión, es el objeto mismo. Hay una segunda diferencia entre pulsión y perversión, y es que en esta última, el objeto se coagula, se cristaliza en su apariencia, y los actores del libreto juegan roles estereotipados. Por ejemplo, en la perversión sadomasoquista, el lugar del sujeto no puede sino ser el del agente o víctima; en el voyeurismo, el perverso es el que ve, y en el exhibicionismo, el que muestra, etc. Mientras que, en el caso de la pulsión, el sujeto no ocupa ningún lugar nítidamente definido; habría que decir incluso que el sujeto no está, que no lo hay, que no hay sujeto. La pulsión es un montaje acéfalo, reducido al simple diseño de un circuito que gravita alrededor de un objeto, ya sea la mirada, el dolor u otro. Por consiguiente, hablo de pulsión sadomasoquista y no de perversión sadomasoquista. Por supuesto, es una diferencia teórica, pues siempre será difícil discernir estrictamente cuándo funciona la pulsión y cuándo funciona la perversión. Pero es importante que pongamos en claro esta distinción.

Ahora bien, el dolor, en la pulsión sadomasoquista, no aparece sino al cabo de tres tiempos. Tres tiempos de la pulsión que se suceden según dos de los cuatro destinos de la pulsión. Recordemos cuáles son estos destinos: la represión, la sublimación, la *vuelta* hacia la propia persona y, finalmente, el *trastorno hacia lo contrario* de las metas. Los dos que nos interesan aquí son: la vuelta que concierne a la fuente y el trastorno hacia lo contrario que concierne a la meta. Por lo tanto, según la manera como van a producirse los procesos de vuelta hacia la propia persona y de trastorno hacia lo contrario, distinguiremos tres tiempos. Tres tiempos definidos según las formas gramaticales del verbo que indica la acción de la pulsión. Tratándose de la pulsión sadomasoquista, el verbo es "atormentar" y los tres tiempos serán, en consecuencia: forma activa, "atormentar"; forma pasiva, "ser atormentado"; y forma refleja, "atormentarse a sí mismo". El dolor sólo aparece al final del tercer tiempo.*(Fig. 4)*.

*

El *primer tiempo* —"**atormentar**"— del trayecto de la pulsión sadomasoquista corresponde al movimiento de una tendencia puramente sádica; sádica en el sentido general del término. En este primer impulso activo de la pulsión la meta es *atormentar* al Otro, pero sin la intención de dañarlo, ni de gozar de su dolor. No se trata, hablando con propiedad, de provocar el dolor en el Otro. Freud propone una observación importante en la que se apoyará con frecuencia. El sadismo de este primer tiempo es, según él, una tendencia pulsional agresiva, por cierto, pero sin intención de provocar un sufrimiento. La denomina "pulsión de dominio", es decir pulsión de poseer el objeto sin por ello hacerle daño. Hay una voluntad de vencer al Otro y de dominarlo, sin hacerlo sufrir. Freud da el ejemplo de los niños "sádicos" que destruyen todo lo que encuentran a su paso, sin tratar, no obstante, de provocar el dolor. Se puede denominar a este sadismo destructor pero no maligno, "sadismo originario".

El *segundo tiempo* —"**ser atormentado**"— es el de la vuelta sobre la propia persona de esta primera tendencia sádico-agresiva. Es en esta *vuelta* sobre la persona propia donde el yo realmente experimenta dolor y goza masoquísticamente al experimentarlo. Se trata del dolor y del placer provocados por el tormento que Otro supuestamente sádico le infligiría. ¿Qué Otro? El yo mismo o, más exactamente, una parte del yo. El yo se escinde en dos: uno que daña y otro que sufre y goza por experimentar el dolor. He dicho "yo" cuando, hace unos momentos, pretendí que no había sujeto en la pulsión.

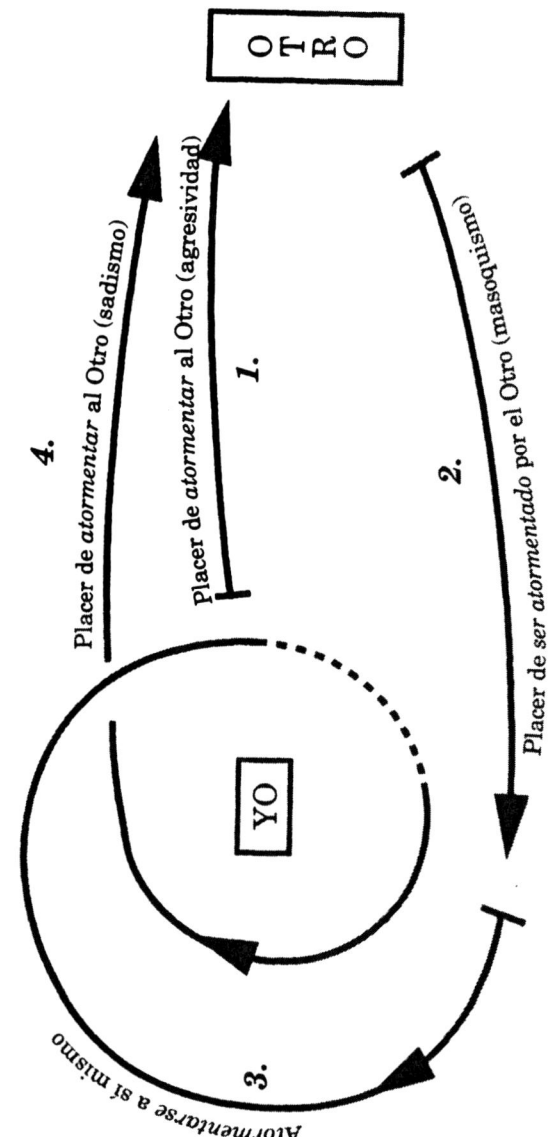

Figura 4
Los cuatro tiempos de la pulsión sadomasoquista:
1. *atormentar* (agresividad); 2) *ser atormentado* (masoquismo);
3. *atormentarse a sí mismo*; 4. *atormentar* (sadismo).

Sin embargo utilizaremos este término durante nuestra explicación, y verán ustedes cómo el yo desaparece en tanto sujeto.

El segundo tiempo es pues el tiempo masoquista. Pero aquí necesito introducir una observación. Freud modificó especialmente su concepción del masoquismo. En 1915 pensaba las cosas tal como las acabo de exponer, mientras que en 1924, en "El problema económico del masoquismo", añade una precisión. Habría que concebir —piensa Freud— el masoquismo no como algo que aparece después de la pulsión sádico-agresiva, sino como si ya estuviera mucho antes de ese primer tiempo. Es lo que Freud llama el "masoquismo primario". Pero les propongo, a fin de no enredar nuestras pistas, dejar de lado esta observación y volver al tercer tiempo, tal como está descripto en la *Metapsicología*.[27]

Tercer tiempo —"**atormentarse a sí mismo**"—: "Una vez que experimentar dolor se ha vuelto una meta masoquista, puede aparecer entonces retroactivamente la meta sádica secundaria de provocar el dolor en el otro." En este tercer tiempo del "sadismo secundario", la tendencia es hacer sufrir al Otro y gozar del dolor ajeno. Pero el pensamiento de Freud no es tan simple: hasta allí no tenemos que vérnoslas con el dolor sexual. En este último tiempo del sadismo propiamente dicho, el placer de hacer sufrir al Otro no puede comprenderse sino aceptando que la víctima es, ante todo y por sobre todo... el yo mismo. El Otro humillado, golpeado, manchado o rebajado es el yo, como si se tratara de una segunda vuelta sobre sí mismo. En realidad, como ustedes ven, la pulsión retorna dos veces al yo: una primera vez cuando consigue obtener un placer masoquista en ser atormentado por el Otro (*segundo tiempo*), y una segunda vez cuando se trata de experimentar el mismo dolor que experimenta el Otro atormentado. El yo se atormenta a sí mismo, se hace daño a sí mismo para saber lo que sentirá el Otro atormentado. Es entonces cuando Freud utiliza el verbo en su forma refleja: "atormentarse a sí mismo". Ustedes comprenden así que nuestro primer tiempo del sadismo propiamente dicho entraña dos momentos: el de hacerse daño a sí mismo y el de hacer experimentar al Otro el mismo dolor sentido.

Permanezcamos un momento más en este tercer tiempo, "atormentarse a sí mismo". Cuando digo "sí mismo", quiero decir que es el yo mismo el que es víctima y agente del tormento. Les pido que no consideren tal razonamiento como una pirueta teórica: se trata de una noción clave desde el punto de vista clínico. ¿Por qué? Porque si nosotros aceptamos esta idea, debemos sacar varias conclusiones. ¿Qué significa, finalmente, este momento, "atormentarse"? Ya se trate del dolor que se le inflige sin intención maligna (*primer tiempo*), del que se sufre masoquísticamente (*segundo tiempo*), o que se lo identifique con el Otro sadizado (*tercer tiempo*), siempre estamos en presencia de un dolor masoquista, es decir del placer de un dolor sufrido por el yo. Freud lo explica del siguiente modo: hay identificación del yo con el Otro que sufre. En el marco de la pulsión sadomasoquista, el dolor siempre es sufrido por el yo, ya sea porque sufre él mismo, ya sea porque se identifica con el que lo sufre. Pero en todos los casos, es el yo el que sufre el dolor. A partir de entonces, se puede concluir que el goce sexual en el marco de la pulsión sadomasoquista sigue siendo fundamentalmente un goce masoquista. A tal punto que ni siquiera debería hablarse de pulsión "sadomasoquista" sino de pulsión masoquista a secas.

Aquí se nos impone una observación. Incluso en el caso de la perversión propiamente dicha, el sádico, el que atormenta a su *partenaire*, goza también él de un goce masoquista. ¿Por qué? Porque actúa siguiendo la voluntad de un Otro. En otras palabras, puedo gozar masoquísticamente de ser la víctima de un castigo, pero puedo también gozar de estar sometido a la ley o a la voluntad de un amo. Ya que el sádico actúa según la voluntad de un amo supremo, goza masoquísticamente de su servidumbre.

Estas observaciones son clínicamente importantes porque cambian la manera de escuchar a nuestros analizantes. No hablo necesariamente de los pacientes perversos, quienes en rigor acuden poco a la consulta psicoanalítica y que, si vienen, no permanecen demasiado tiempo. Los verdaderos perversos sólo consultan al psicoanalista en algunos momentos de su derrumbe, y tan sólo por períodos muy cortos. Es por eso que resulta tan difícil tener una experiencia clínica con sujetos que practican la puesta en acto perversa. Empero, son ellos quienes nos enseñan mucho sobre los fantasmas perversos de los neuróticos. Por lo tanto, cuando recibimos a un paciente que presenta los síntomas de un perverso sádico, tratamos de hacerle entender que el goce que lo anima es en verdad un goce masoquista, ya que él se hace objeto de la voluntad de Otro.

Volvamos a nuestra conclusión, a saber que el dolor no aparece hasta el tercer tiempo: hacerse daño, atormentarse a sí mismo; es decir que sólo aparece allí donde el yo se identifica con el Otro que sufre el daño y, más allá, con aquel que lo provoca. No bien el yo se identifica con el Otro masoquista y sádico, no bien asume los dos papeles, instala en la escena de su psiquismo los personajes del fantasma sadomasoquista: un superyó sádico y un yo siempre masoquista. En el caso de la histeria, se opera el mismo desdoblamiento: recuerden ustedes el texto de Freud, "Los fantasmas histéricos y su relación con la bisexualidad".[28] En él, Freud describe el ejemplo de un fantasma en el que la histérica es a la vez el violador y la joven violada. Freud sacaba la siguiente conclusión del caso de una paciente una de cuyas manos, crispada, emulaba a la del violador, mientras la otra mano emulaba el llamado de auxilio de la víctima. A partir de este ejemplo, se entiende que un fantasma implica siempre una doble posición intercambiable: sujeto violador y sujeto violado, verdugo y víctima.

En el caso del sadomasoquismo, encontramos la misma complejidad: el yo es el que hace daño, el que se hace daño y el que soporta ese daño. Lo que es importante en uno y otro caso es que el sujeto goce de un placer masoquista. ¿Por qué? Por la sencilla razón —insisto— de que goza de ser la víctima y el agente.

Resumámonos. El dolor como goce sexual emerge justamente en el momento en que el yo abandona la realidad exterior para vivir sólo de los personajes de su fantasmatización. Así, aparece una convergencia y condensación entre tres términos: el yo que sufre el dolor, el yo sádico que se autoatormenta (superyó sádico) y el dolor mismo. Tenemos pues tres términos que se conjugan y se confunden en un solo elemento: el yo que goza de su propio sufrimiento. En suma, nos encontramos ante una convergencia Yo/Otro/Dolor, dado que los tres devienen fantasmáticamente una sola y misma cosa.

*

Pero entonces, ¿en qué consiste el dolor? Pues bien, el dolor es el objeto alrededor del cual se instaura el complejo pulsional, gira el circuito pulsional. El dolor es —tal como lo definí en mi libro *L'inconscient à venir*—[29] un entre-dos, un cuerpo-intervalo. El dolor se desprende del cuerpo y cae en el espacio intermedio entre el yo y el Otro, entre el yo que goza por sufrir y el que goza por hacer sufrir, o incluso, más simplemente, entre el yo masoquista y el superyó sádico. Ciertamente se puede encarar el dolor como un objeto con el cual el yo se identifica, pero el dolor sigue siendo en sí mismo un objeto alrededor del cual gira el circuito pulsional. Esto es lo que resulta difícil aprehender. Fuera del fantasma, no tenemos representación clínica de la pulsión, ni siquiera del objeto pulsional. Si me preguntaran dónde se encuentra el dolor en la transferencia, habría que buscar el fantasma sadomasoquista en la relación analítica; e imaginar que el dolor —objeto pulsional— no tiene sustancia. Es un dolor-agujero, un dolor-intervalo.

*

☐ *¿Qué piensa usted del sadismo del verdugo?*

Habría un vocablo más adecuado para designar al verdugo: "atormentador". Pues bien, a la luz de nuestras propuestas de esta noche, diría que el sadismo del verdugo es un goce masoquista. ¿En qué se transforma el verdugo? Su destino es comprobar, a veces rápidamente, a veces lentamente, que sólo ha sido el miserable instrumento de algún otro. Y cuando violentaba a su víctima, ignoraba que él mismo gozaba masoquísticamente de ser el instrumento de un amo supremo que lo gobierna. Más allá de su frialdad y de su crueldad, el verdugo tiene algo de pelele monstruoso. Los perversos se confrontan con el mismo límite cuando, por ejemplo, el masoquista comprueba que el dolor no debe ser demasiado intenso, porque si no sobreviene la muerte; o cuando el sádico comprueba que no es otra cosa sino una marioneta guiada por las manos de un amo. Es entonces cuando se angustia ante su propia imagen payasesca. Este enfrentamiento del perverso con su propio límite tiene por nombre la "renegación de la castración". Esta fórmula significa que el sujeto perverso reconoce que está castrado, mientras que, no obstante, sigue creyendo poder ir hasta el final. Ahora bien, justamente, ningún ser hablante puede gozar hasta el final. Es por ello que el goce masoquista sigue siendo un goce parcial en relación con un goce inconmensurable, el de la voluntad del Otro. Es allí donde se sitúa el problema: la noción del Otro funciona tanto para el perverso como para el psicótico o el neurótico. Para el neurótico, hay un goce del Otro, pero no se trata, como para el perverso, del goce de un Dios o de un amo. El Otro del neurótico es un padre gozador y poseedor de todas las mujeres; es un padre fantasmáticamente perverso. Mientras que para el sujeto perverso, el goce del Otro es la voluntad insaciable de un amo que le ordena su acto; para el neurótico, el goce del Otro es la lujuria de un padre.

Antes de concluir, anunciemos el tema que he de desarrollar en la próxima reunión. Decía que, en la pulsión, el objeto aparece desembarazado de toda apariencia, mientras que en la perversión, la apariencia ocupa el centro del libreto perverso. Ahora bien, la apariencia que se cristaliza en el libreto sadomasoquista, la apariencia del dolor es el *grito*. Aquello que está fetichizado, cristalizado, aquello alrededor de lo cual se instaura la escena perversa, es un grito que simula tanto el dolor como el placer. El simulacro del dolor, es decir su rasgo fetichizado, es el grito.

*
* *

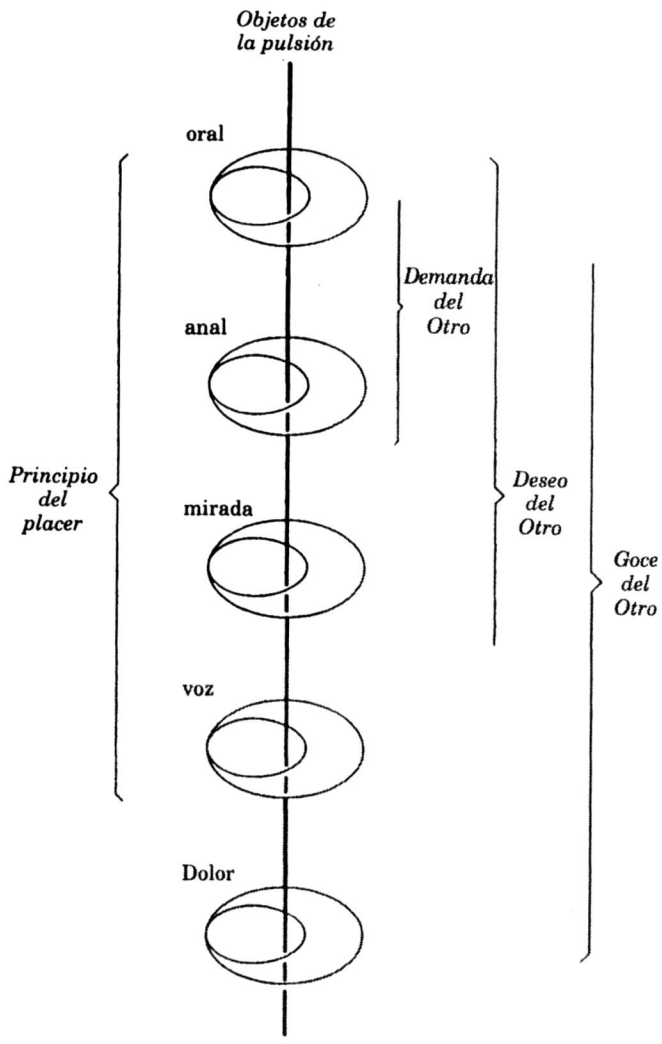

Figura 5

El dolor es un nuevo objeto de la pulsión, cuando la pulsión está enloquecida y ya no está regida por el principio del placer.

Lección II
El dolor en la reacción terapéutica negativa

En el esquema de la página anterior figuran encolumnados los cinco trayectos pulsionales. Cada uno de ellos corresponde a un objeto de la pulsión. El primero, es el objeto oral, luego, el anal, el objeto escópico o mirada, la voz, y, por último, el dolor. Los dos primeros trayectos pulsionales se refieren a la demanda del Otro; los cuatro primeros se refieren al deseo del Otro y todos —en particular el dolor— se refieren al goce del Otro. Globalmente, diremos que el conjunto de estos trayectos pulsionales está regido por el principio del placer, con excepción del dolor, que supone la neutralización de este principio.

La clase pasada habíamos mencionado las tres condiciones que nos permitían situar el dolor como objeto de la pulsión sadomasoquista. Después de los cuatro tiempos del recorrido pulsional, hemos despejado que el yo, el Otro y el dolor estaban confundidos en una sola y misma instancia: el dolor como objeto de pulsión. Ahora bien, esta identificación recibe el nombre de fantasma, más exactamente de fantasma masoquista. No digo fantasma sadomasoquista, sino masoquista a secas. No voy a retomar lo que ya hemos establecido. Por lo tanto, el dolor, en tanto objeto, sólo aparece en la raíz de la pulsión, después del doble circuito de ida-vuelta del trayecto pulsional, en el momento en que se cierra el segundo pequeño rizo. Recuerden ustedes los tres tiempos del movimiento pulsional: "atormentar", "ser atormentado", "atormentarse a sí mismo", y que es en el cierre de este rizo —"atormentarse a sí mismo— donde el yo se identifica con el dolor. Es en ese momento cuando el dolor se constituye por fin como objeto de pulsión, es decir como dolor sexual. Pero no olvidemos que el dolor, objeto pulsional, es también dolor fantasmático, objeto de fantasma. Como objeto pulsional, el dolor es un agujero, una ausencia; y como objeto de fantasma, es ese mismo agujero, pero colmado por el sujeto (identificación del sujeto con el objeto). Ahora bien, ya sea como objeto vacante o como agujero habitado por el sujeto, ya sea como un dolor real o fantasmático, sigue siendo invariablemente inconsciente, tan inconsciente como los "fantasmas originarios" de los que habla Freud.

Por consiguiente, hemos propuesto agregar el dolor a la lista de los objetos pulsionales (objetos *a*). Si el seno se desprende del cuerpo de acuerdo con el corte de la demanda *al* Otro, las heces, según el corte de la demanda *del* Otro, la mirada con el corte que significa el deseo con el Otro y la voz con el corte del deseo *del* Otro, el dolor, en cambio, se ubica como el último objeto, el último fantasma, no frente a la demanda ni al deseo del Otro, sino a su goce. ¿Qué quiere decir esto? Que el dolor es la parte sacrificada para evitar sufrir, confrontarse con el goce extremo e intolerable …aunque ese goce sea una amenaza irrealizable.

El goce extremo e intolerable, el goce del Otro, sigue siendo, para el neurótico, el telón de fondo de todos sus fantasmas, desde la escena primaria hasta el que nos ocupa hoy, el fantasma sadomasoquista. Para este último, a diferencia de los otros fantasmas, este sufrimiento lejano e inimaginable se torna sensible e inminente. La figura humana más caricaturesca bajo la cual el neurótico se representa al Otro en un fantasma masoquista de flagelación, por ejemplo, es la de un Otro perverso. De un Otro que se ríe al verme sufrir, se muestra cruel y severo, exige y ordena. ¿Qué me ordena? Me exhorta a gozar y a sufrir, a gozar de mi sufrimiento. "¡Goza!", grita mi superyó perverso. "Goza de todo más allá de tu dolor y de tu vida misma.

¡Experimenta la muerte sin dejar de conservar la vida!" Habida cuenta del absurdo de semejante exhortación, el goce efectivo que extraigo del fantasma sadomasoquista —el dolor y el placer de sufrirlo— no es más que una "tibia satisfacción", una muy modesta respuesta a las órdenes irrealistas de un superyó perverso. En una palabra, el dolor es una muralla defensiva frente al goce del Otro, y ello es así por un doble motivo: gozo de este dolor en mi carne herida para no sufrir el loco goce que significaría la muerte. Pero también sufro este dolor del látigo para calmar la voluntad perversa del Otro.

Concluyamos pues que, para el psicoanálisis y únicamente para el psicoanálisis, el dolor es un extraño alivio. Y por dos razones: en primer lugar, porque el dolor es el sufrimiento para escapar al sufrimiento. Un sufrimiento parcial inserto en un fantasma, para escapar a un sufrimiento desmesurado y peligroso. Extraño alivio, porque este dolor satisface una fuerte necesidad de castigo.

La extraña necesidad de ser castigado

¿Qué necesidad? ¿De qué naturaleza es esta necesidad imperativa que requiere un dolor para calmarla? Esta necesidad no es nada más que una tensión intrasubjetiva que llamamos culpabilidad inconsciente. La culpabilidad es esta tensión entre el yo y el superyó, más exactamente una angustia. La culpabilidad es, en efecto, una angustia opresiva que reclama una descarga urgente y su exteriorización inmediata. Ahora bien, ¿qué mejor medio para hacer bajar la tensión y calmar la angustia culpable que ser castigado y padecer? He aquí por qué el dolor que siento en mi fantasma masoquista es un dolor que proporciona alivio. Alivio tanto más definitivo si a mi fantasma viene a ajustarse un fragmento de realidad dramática. Sucede, en efecto, que un accidente, una enfermedad o un duelo sobreviene en el momento preciso para soportar un dolor real y justificar entonces una culpabilidad hasta entonces muda. Como si la culpabilidad inconsciente no esperara sino un acontecimiento desdichado para exteriorizarse y resolverse.

Hubo una época en la historia del psicoanálisis en la que algunos, entre los primeros psicoanalistas, se ocuparon mucho de esta culpabilidad fantasmática, de esta angustia culpable e inconsciente que se exterioriza en un dolor buscado y vivido como calmante. Después de la publicación en 1923 del artículo "El Yo y el Ello",[30] analistas como Reik, Tausk, Reich o Alexander se dedicaron a averiguar cómo es posible que un dolor sea capaz de aportar alivio. A la expresión freudiana "sentimiento inconsciente de culpabilidad" Reik agregará el calificativo de "doloroso" e inventará la fórmula "sentimiento doloroso de culpabilidad"; Tausk, en cambio, hablará de "placer doloroso". En estas expresiones vemos superponerse tres estados afectivos que, no obstante, hay que separar: la culpabilidad, que es una angustia cuya opresión puede calificarse como "dolorosa" ("sentimiento doloroso de culpabilidad"). Luego, el dolor mismo experimentado en un fantasma o en la realidad tras un acontecimiento desdichado. Es este dolor lo que consideramos objeto de la pulsión. Y por último, tercer estado afectivo, el del placer que procura al sujeto el hecho de padecer un dolor —real o fantasmático— que alivia la tensión de la angustia culpable. A este placer de vivir un dolor lo denominamos goce parcial masoquista. El problema se complica cuando nos enteramos de que no sólo el sujeto puede gozar del dolor provocado por un castigo, sino también de la opresión penosa que significa la culpabilidad misma. A este placer de sentirse culpable Freud lo denomina "masoquismo moral".

*

La reacción terapéutica negativa:
un modelo de las formaciones de objeto a

Las formas clínicas del fantasma masoquista, que transforma la angustia culpable en dolor calmante del que se goza, son múltiples. Pero la más importante de estas manifestaciones es la "reacción terapéutica negativa". Insisto en que es una cuestión que ha interesado sobremanera a los analistas de los años cuarenta y aun a los de los años veinte. ¿En qué consiste la reacción terapéutica negativa? Pues bien, después de que el analizante ha seguido un trabajo analítico sostenido, y tras haber comprobado una mejoría de su estado, se descubre, contra todo lo previsto, que súbitamente se agravan sus síntomas. ¿Por qué? ¿Qué es lo que explica que súbitamente se produzca tal recaída y que el paciente está peor que cuando había consultado la primera vez? Freud despeja dos causas posibles. La primera es la inaccesibilidad narcisista, es decir ese exceso de narcisismo que conduce a veces al paciente a enfrentarse con el analista con las interrupciones de cura que pueden producirse. La segunda causa, que despeja también, es lo que denomina el beneficio secundario de la enfermedad: el estado del analizante empeoraría para atraer la atención y el amor del psicoanalista. Pero ninguna de estas razones es satisfactoria para explicar semejante reacción negativa, semejante regresión de la cura. Freud interpreta de otro modo el agravamiento súbito de los síntomas. Piensa que esta recaída es una penitencia que responde a la necesidad inconsciente —es decir muda— de ser castigado. "Muda" en el sentido de necesidad sin signos exteriores que permitirían detectarla. Pero la hipótesis de Freud no se detiene allí. Propone entonces la idea inconcebible de que la necesidad inconsciente de sentir concretamente un dolor y suprimir así la opresión de la angustia culpable está probablemente tomada de otra persona. Sí, el sujeto tomaría a su cargo la culpabilidad de otro, y sería oprimido por ello, y la resolvería en un sufrimiento curiosamente calmante. Alguien ha transmitido al paciente un sentimiento inconsciente de falta, pero es el paciente quien paga el precio. Ahora bien, dadas las condiciones de la transferencia, ¿por qué no pensar que el sentimiento inconsciente de culpabilidad del analizante ha sido transmitido por el propio psicoanalista? No digo que forzosamente deba ser el psicoanalista, pero tampoco lo excluyo. Me pregunto, y Lacan se lo preguntaba mientras comentaba "Análisis terminable e interminable", pensando en la roca viva de la castración —es decir del rechazo del sujeto a asumir su femineidad por razones narcisistas—: ¿pero no será la manera como Freud ha conducido la cura lo que ha empujado al paciente a parapetarse detrás de su femineidad narcisista y a interrumpir el tratamiento? Si tenemos presente el principio de la transferencia, no veo por qué nos negaríamos a admitir que el sentimiento inconsciente de culpabilidad podría emanar del psicoanálisis. Pero detengámonos aquí por un momento.

Este ejemplo de la reacción terapéutica negativa conduce a Freud a preguntarse en qué configuración clínica se presenta sobre todo el sentimiento inconsciente de culpabilidad. Al leer el texto "El Yo y el Ello" se tiene la impresión de que el marco clínico que responde a estos fantasmas sadomasoquistas sería la neurosis obsesiva. ¡Pero Freud lo niega rotundamente! El sentimiento inconsciente de culpabilidad no aparece en la neurosis obsesiva; o más bien puede aparecer en ella, pero no es el rasgo que la caracteriza. El caso ejemplar para lo que nos interesa es el de la histeria y el de los estados histéricos. La culpabilidad inconsciente se manifiesta poco en la neurosis obsesiva, porque el obsesivo está mucho mejor defendido, mucho mejor preparado. Es como si hubiera conseguido situar y dominar su culpabilidad, mientras que el histérico sigue estando muy expuesto. Si, por otra parte, evocamos la eventualidad de un suicidio, sabemos que un suicidio es mucho más probable en un histérico que en un obsesivo, y por la misma razón. Observen aun que la hipótesis de una culpabilidad inconsciente y de un dolor calmante ya está claramente formulada en las cartas a Fliess, en "Los orígenes del psicoanálisis".[31] En este texto Freud menciona por primera vez a Hamlet, y lo caracteriza justamente como un caso clínico de sentimiento inconsciente de culpabilidad.

En suma, la reacción terapéutica negativa es la expresión clínica de un fantasma sadomasoquista o más bien de un fantasma masoquista a secas. Pero ¿qué relación hay entre un fantasma que llamamos inconsciente y su manifestación clínica? El problema que me preocupa es el de la "expresión" o la "exteriorización del inconsciente". Es el problema justamente que me ha conducido a proponer la hipótesis de las *formaciones de objeto* a. Me explico. La reacción terapéutica negativa es ciertamente un fenómeno observable que analista y paciente perciben sin dificultad. En cambio, la culpabilidad inconsciente y el dolor fantasmático que la calma permanecen inasibles. De todo ello concluyo que el dolor, por inconsciente e imperceptible que sea, retorna al sujeto bajo la forma de una formación clínica. Una formación clínica que, a los ojos del paciente, parece no tener lazo alguno con el objeto dolor inconsciente (objeto pulsional y fantasmático). Pues la comprobación del analista y del analizante es por cierto la recrudescencia de los síntomas; pero no se establece ningún lazo entre el agravamiento y el dolor subyacente. Cuando formulo que el dolor retorna al sujeto, quiero decir simplemente que el dolor es percibido, por cierto, pero disfrazado y enmascarado. Es decir que el objeto aparece al sujeto, por fuera, como la percepción de un acontecimiento desdichado sin lazo con su verdadera causa inconsciente.

*

*El salto de la libido de un fantasma
inconsciente a la conciencia*

Aquí debo detenerme por un momento para esbozar con ustedes una lógica de las formaciones de objeto *a*. Pienso justamente en un texto de Freud, en el cual trata de distinguir la paranoia de la esquizofrenia. Este escrito —algunas páginas manuscritas enviadas a Jung alrededor de 1907— es un intento de sistematizar diferentes "destinos de la libido" y diferentes "variantes de la represión". Son las palabras del propio Freud: "destinos de la libido", "variantes de la represión". En esa época, todos los analistas, los de la Sociedad de Viena y los de Berlín, están preocupados por la cuestión del narcisismo, tema a la sazón dominante. El mismo Freud quiere comprender los mecanismos de las diferentes estructuras clínicas con ayuda del instrumento de la metapsicología. La paranoia, la esquizofrenia, la histeria, la hipocondría y la melancolía se explicarían por el movimiento de repliegue de la libido. Según Freud, el repliegue de la libido variaría en función del yo al cual esta libido retorna. La libido se repliega de diversas maneras según la patología del yo. Recuerden ustedes que el año pasado hemos definido diferentes tipos de yoes y así, hemos puesto en evidencia un yo estallado —el de la esquizofrenia—, caracterizado por una instancia fuertemente autoerótica hacia la cual retorna la libido. Y luego, un yo hipertrofiado y megalómano, modelo del narcisismo primario. No insisto al respecto, pero retomo la observación más interesante de Freud, aquella en la que formula que en la paranoia la libido abandona parcialmente la representación de objeto y retorna sobre el yo. Ahora bien —error frecuente— cuando uno dice: "repliegue de la libido", se cree que la libido abandona el mundo exterior para volver al yo. ¡Pero no es del mundo exterior de donde se desprende la libido! La *libido se desprende de la representación psíquica* de un objeto exterior, y el matiz es esencial. ¿Por qué? Porque el movimiento de la libido es *intrasubjetivo* y no intersubjetivo; se desplaza exclusivamente en el interior del yo. Dado que, para Freud, la representación de objeto es el equivalente de un fantasma de deseo, diremos entonces que la libido abandona parcialmente un fantasma, y en modo alguno la realidad exterior. Y luego, ¿qué ocurre? ¿A qué fuente retorna? Dejemos de lado esta pregunta por un momento para interesarnos en una segunda observación que me parece importante. La libido, por lo tanto, abandona parcialmente la representación de objeto, que no es el mundo exterior, que no es el objeto exterior, sino que es, en cambio, un fantasma. Y he aquí la propuesta que me parece muy feliz para constituirse en nuestra hipótesis de la formación de objeto. Freud declara lo siguiente: la libido se va y la representación de objeto, liberada de su investidura libidinal, se transforma en percepción consciente. Por lo tanto, la representación pasa al estado de percepción. Y precisa, en una observación esencial: cuando una representación es investida libidinalmente se trata de una percepción endógena, endopsíquica. Dicho de otro modo: representación de objeto, fantasma de deseo o percepción endógena serían una sola y misma cosa. Pero cuando la percepción endógena, es decir la representación, es liberada de su investidura, se torna percepción de un objeto exterior. Y Freud agrega: en el caso de la paranoia, la libido abandona parcialmente la representación de objeto que deviene entonces percepción consciente. Así, la libido, que había abandonado parcialmente su representación, retorna al yo e inviste fuertemente su superficie perceptiva, que no es otra que la conciencia. Al investir intensamente la conciencia, la libido vuelve excitable toda percepción hacia el exterior. Es mediante este argumento como Freud explica los fenómenos de la creencia delirante y de la alucinación. Dicho de otro modo, es muy interesante que la alucinación y el delirio no surjan y no se constituyan sino después del salto de la libido: ésta abandona el fantasma para investir exclusivamente la conciencia.

Aprovecho la ocasión para decir unas palabras sobre mi manera de leer a Freud. Mis referencias a los textos freudianos, aunque muy precisas y sólidamente articuladas, no son puramente literales. Leo a Freud en el movimiento de su pensamiento, en el del mío y en el movimiento de la vida de mis pacientes. Así, jamás podría transmitirles más que mi propia lectura, o más exactamente lo que, de Freud, nutre mi reflexión.

Pero prosigamos. Voy a aplicar ahora la misma lógica a nuestro fantasma sadomasoquista, y veré en él el mismo desplazamiento interno de la libido. Es así como podremos comprender el mecanismo de las formaciones de objeto a. Seamos claros. La idea de formación de objeto a me llega como un eco de las formaciones del inconsciente. Estas últimas se caracterizan por su estricta obediencia a la ley de combinación significante: cada significante de la formación del inconsciente queda enlazado a los otros significantes por metonimia (desplazamiento) y metáfora (condensación). No retomo este desarrollo dado que la mayor parte de ustedes conoce la lógica lacaniana del significante. En cambio, nos faltaba un argumento para explicar el lugar del objeto de la pulsión, en un suicidio por ejemplo. No teníamos hipótesis para dar cuenta del papel del objeto dolor en la reacción terapéutica negativa. ¿Por qué? Porque todos los fenómenos clínicos en los que la pulsión parece enloquecida, tales como el suicidio, el delirio, la alucinación, el pasaje al acto, el acting-out o incluso la reacción terapéutica negativa, son formaciones psíquicas que se bastan a sí mismas y no remiten a ninguna otra cosa. Este distingo entre formación del inconsciente y formaciones de objeto ha sido claramente establecido por nosotros en *Les Yeux de Laure*, pero lo que querría captar ahora —y el texto de Freud nos proporciona un argumento para sostenerlo, es la relación que existe entre el dolor inconsciente en su estatuto de objeto de pulsión y de objeto fantasmático, por un lado, y la reacción terapéutica negativa, por el otro. Sitúo la reacción terapéutica negativa en la misma categoría que una alucinación, un delirio o un pasaje al acto. Porque, en efecto, estas últimas formaciones son más que ejemplos clínicos; constituyen formaciones psíquicas que no remiten a nada más que a sí mismas y que consisten en lo siguiente: el objeto dolor, para retomar la reacción terapéutica negativa, no es solamente un objeto pulsional y fantasmático. La reacción mencionada es también lo que se transforma en un agravamiento súbito de los síntomas. Bruscamente, mi paciente anda mal, se da cuenta de ello, y yo, analista, lo percibo también, pero ignoramos lo que ocurre. El pasaje al acto es del mismo orden. Son formaciones psíquicas, retornos del objeto pulsional que, sin dejar de ser interno, aparece frente al sujeto como procedente del exterior: el sujeto percibe la culpabilidad y el dolor bajo la forma enmascarada de una recaída de su enfermedad. Ahora bien, justamente, ¿por qué no aplicar aquí la idea freudiana del desplazamiento de la libido que se retira del fantasma para ir a investir la conciencia? Diremos entonces que el fantasma masoquista está desinvestido y reaparece por fuera, transformado en realidad percibida como exterior. La culpabilidad y el dolor inconscientes aparecerían así bajo una forma exterior y disfrazada. La reacción terapéutica negativa sería pues el simulacro sensible de estos dos afectos inconscientes.

Establecidas estas bases, es claro que se trata de una máscara que el dolor adopta frecuentemente, muy diferente de las formaciones clínicas patológicas: es el grito y las lágrimas. El grito y las lágrimas son las apariencias más estrechamente ajustadas, las más solidarias de ese objeto que es el dolor inconsciente.

*

Debemos distinguir:
pulsión, fantasma y perversión

Ahora me gustaría participarles a ustedes tres problemas, tres cuestiones que derivan de la observación siguiente: todos los objetos se refieren de cerca o de lejos al goce del Otro, pero el dolor es la muestra más pura, el retoño más homogéneo. En otros términos, el goce del Otro es un inmenso sufrimiento vivido por el sujeto como un peligro hipotético. La sola idea de gozar demasiado provoca miedo. Ahora bien, el dolor es también un sufrimiento, pero parcial y reducido al marco de un fantasma. Desde este punto de vista, el dolor es, insisto, el representante más evocador de un goce/sufrimiento inaccesible. Esta aproximación plantea ahora tres problemas.

El primer problema es el del *masoquismo*. ¿Cómo definimos el masoquismo? Pues bien, el masoquismo es una posición desde donde el sujeto sostiene cierta relación con la satisfacción. Deberíamos decir, con la satisfacción sexual, y mejor aún, con la satisfacción parcial sexual. Por supuesto, "sexual" no significa "genital", sino un placer procurado por la satisfacción de una necesidad. El masoquismo consiste en lo siguiente: el sujeto goza de estar en el lugar del objeto del que el Otro goza. Hemos caracterizado a este Otro como un perverso superyoico. En efecto, es la doble faz del superyó, que actúa por un lado como sádico y por el otro como amo que gobierna. Ahora bien, esta definición del masoquismo que les propongo puede aplicarse a todos los casos de fantasmas construidos alrededor de diferentes objetos: el seno, la voz, la mirada. Cada vez que, en el fantasma, el sujeto toma el lugar del objeto siendo voz, mirada, dolor o seno, adopta una posición masoquista. Estructuralmente hablando, todo fantasma se forma gracias a esta identificación del sujeto con el objeto y, por consiguiente, todo fantasma es, en su punto de partida, masoquista. Por ende, surge la pregunta siguiente: ¿cómo distinguir el fantasma propiamente masoquista de los otros fantasmas en los que el sujeto adopta también una posición masoquista? Ya hemos dado un principio de respuesta cuando proponíamos pensar que el masoquismo es una identificación del sujeto con el objeto, por cierto, pero con el objeto de un Otro perverso; el sujeto goza por ofrecerse a la voluntad del Otro.

El segundo problema es el de la *zona erógena*. ¿Cuál es la zona erógena que corresponde específicamente al objeto pulsional dolor? En los *Tres ensayos de teoría sexual*,[32] Freud propone situarla en el nivel de la piel. Por mi parte, creo que esto no basta, y que habría que decir: es la piel pero también son los músculos, la tonicidad muscular, en la medida en que la acción de golpear provoca placer, el placer muscular de flagelar al Otro y de lanzar golpes. Pero, dejando de lado las dos zonas erógenas —piel y músculos— que especifican el dolor, otro aspecto singulariza más al masoquismo: el grito y las lágrimas. El grito, como lo hemos señalado, sería la apariencia más íntima del objeto dolor.

Hablaremos del grito en la próxima reunión. Pero, por el momento, necesito mencionar un tercer problema. ¿Qué diferencia hay entre el masoquismo tal como lo hemos definido y reconocido en el fantasma —ser el objeto del que goza el Otro—, qué diferencia hay entre el masoquismo fantasmático y el masoquismo propiamente perverso? Pues, tal como hemos indicado la última vez, pulsión y fantasma no son perversión. *La perversión no es el fantasma*. ¿Qué distinción establecer entre el dolor fantasmático en todas sus formas clínicas y el dolor perverso?

Hay un malentendido fundamental respecto de la perversión. Se cree, en razón de una descripción apresurada de los comportamientos perversos, que la perversión no existe sino a condición de que esté el Otro. No se puede imaginar al perverso sin *partenaire*. Ahora bien, desde el punto de vista de la *estructura* hay que pensar lo contrario, a saber que el prójimo, en el libreto del acto perverso, sólo cuenta en la medida en que es el soporte de una forma. No vale más que porque está provisto de un cuerpo que tiene una figura precisa, visual o auditiva, y porque encarna una figura que se puede desplazar en el espacio, y en la cual pueden practicarse manipulaciones. El mundo perverso es un mundo sin prójimo, o más bien un mundo donde el prójimo se reduce al papel de figurante sin alma al servicio de un *metteur en scène*. El mundo perverso es un mundo sin vida, poblado de emulaciones y maniquíes inertes, rebosante de máscaras y de atuendos, de movimientos y fijaciones. En fin, es un universo teatral donde dominan las formas y su encadenamiento. Si queremos traducir en nuestra terminología analítica esta presencia fría y regulada de la perversión, diremos: la perversión es el universo donde domina la repetición; y la acción perversa, un comportamiento extraño para dominar la repetición. A veces, el maniquí es el masoquista que obedece las indicaciones del perverso sádico; a veces es a la inversa: el maniquí es el sádico que sigue las indicaciones del perverso masoquista.

Comprenden ustedes ahora por qué el masoquista no es, hablando con propiedad, un esclavo, sino un amo, un amo prestidigitador de formas y apariencias del dolor. El perverso es el amo de la apariencia; discierne y desprende la apariencia; la fetichiza y se la apropia. He aquí los tres momentos de la operación perversa: desprendimiento de la apariencia de la vivencia del *partenaire*, fetichización y apropiación. Ahora bien, la apariencia que el masoquista domina magistralmente es el grito. El perverso es quien logra disociar la apariencia del goce o, mejor formulado, quien consigue disociar la apariencia del goce parcial-dolor o más bien del objeto pulsión-dolor. En otros términos, el perverso descuella en el arte de la apariencia: es un maestro del grito.

El fantasma masoquista está situado exactamente en las antípodas. Mientras que en el mundo perverso el Otro está absolutamente arrojado afuera, en el fantasma masoquista el Otro está absolutamente asimilado. Está tan presente, tan incluido, tan absorbido por el yo, que éste se identifica con él. El prójimo otorga sustancia al fantasma. Mientras que el perverso separa la apariencia del goce, el neurótico, por el contrario, mezcla en su fantasma apariencia y goce. Si el mundo de la perversión es —como hemos señalado— el mundo de la repetición y del código coagulado de las formas, el del fantasma es el mundo de lo posible: todo es posible en el fantasma, ya que el sujeto hace jugar al Otro y juega él mismo todos los papeles imaginarios. He aquí cuál es exactamente la idea que hay que hacerse, clínicamente hablando, del fantasma. Cuando trabajamos con un paciente y pensamos en el fantasma, hay que suponer que el sujeto está en él por todas partes y toma todas las posiciones posibles.

*

Ahora me gustaría hablar del grito y proponer la siguiente fórmula: el grito es la apariencia del dolor. Pero antes de ser máscara, el grito es una demanda, un llamado, el llamado más primario y primitivo, el más inarticulado. El grito ya es un enunciado, sí, pero un enunciado ultracondensado, casi una interjección. Recientemente le he preguntado a un lingüista si consideraba el grito como una interjección. Me respondió que algunos de sus colegas lo consideran así, en efecto, y otros lo estiman aun más elemental que una interjección. Desde el punto de vista económico, Freud entiende el grito como una descarga, la descarga de un excedente de energía. Dado el alto nivel de excitación (que no es otra cosa que el dolor), el grito es una disipación de energía. Pero esta descarga tiene aún una función secundaria. El grito es un llamado dirigido a dos destinatarios: en primer lugar hacia el Otro, y luego hacia sí mismo. Detengámonos aquí, pues volveremos a encontrar al grito como tema de la próxima lección.

*

☐ *¿Existe una relación entre la percepción directa hacia el exterior y la imagen?*

Hay dos maneras de responder a su pregunta, la cual es muy oportuna porque me permite afinar la lógica de las formaciones de objeto. Mi primera respuesta se apoya en el texto de Freud que acabamos de comentar y en el que explica que una percepción endopsíquica puede tornarse percepción hacia el afuera. Podría pensarse, en efecto, que la nueva investidura es una captación demasiado inmediata del objeto exterior. Como si faltara el intermediario de una imagen. Para responderle mejor, deberíamos examinar la relación entre percepción consciente, representación de objeto, percepción endopsíquica y luego la imagen. Freud, en aquella época, no se preocupaba por la imagen; la única imagen que contaba para él era el yo ideal. Y el yo ideal era el yo en el que se replegaba la libido.

La segunda respuesta, que me parece más adecuada y completa, se apoya en el esquema óptico de Lacan. Entonces habría que precisar que, en el caso de la alucinación, del delirio o de la reacción terapéutica negativa, hay desaparición de la imagen virtual. Más exactamente, hay disociación entre esta imagen y su reflejo. Normalmente, en el fantasma sadomasoquista tal como lo hemos descripto, el Otro está absolutamente incluido, absorbido por el sujeto, y el sujeto, por el objeto. Ahora bien, esta absorción del Otro se realiza gracias a la imagen virtual que me remite, y muy particularmente a través del agujero de la imagen virtual. ¿Qué agujero? El que Lacan denomina el $(-\varphi)$ o "falo imaginario". Por lo tanto, es por intermedio de esta imagen remitida por el Otro y del agujero en esta imagen, como me la apropio. En realidad, sólo hay fantasma a condición de que esté presente la dimensión imaginaria. En otras palabras, ustedes ven bien que, cuando hablamos de imagen, no se trata simplemente de imagen, sino de una imagen agujereada, agujereada por el falo imaginario, es decir afectada por una parte en menos. ¿Qué es lo que está en menos en una imagen, quiero decir qué es lo que no se refleja en ella, sino la libido que carga la imagen? La libido, en efecto, en tanto energía, no puede tener imagen. No es especularizable.

Cuando el fantasma masoquista toma la forma de la reacción terapéutica negativa, es percibido sin la mediación de una imagen virtual. Para retomar su adjetivo "directa", habría, en efecto, una suerte de "percepción directa" del objeto exterior que constituiría la operación capital de las formaciones de objeto. Dicho de otro modo, la formación de objeto, a diferencia del fantasma, está desprovista de imagen virtual y de imagen fálica. En el pasaje al acto no hay mediación imaginaria, en la alucinación tampoco, y mucho menos en la reacción terapéutica negativa. En consecuencia, convengo en que no hay imaginario; pero entendámonos: no hay, sobre todo, imagen virtual agujereada. Pues lo que cuenta en la imagen, no es la imagen misma, sino el hecho de que esté agujereada. Si no, no es imagen sexualizada. ¿Por qué poner el acento en esto? Pues bien, porque afirmar que una imagen está agujereada significa que es la superficie constitutiva de un fantasma sexual. Si no hubiera $(-\varphi)$, si el Otro fuera una imagen plena, sin agujeros, el libreto del fantasma no estaría sexualizado y, para hablar en términos freudianos, no habría libido. Psicoanalíticamente hablando, la imagen nos interesa solamente en la medida en que está cargada de libido, es decir sexualizada y agujereada.

*

☐ *Respuesta a un practicante que pide esclarecimientos a propósito del sueño de uno de sus pacientes*

Resulta difícil analizar públicamente un sueño singular. Cuando el analista escucha a su paciente contar un sueño, puede tener la sensación de que su pensamiento proviene de afuera. Oigo un sueño y es una voz procedente de otra parte que enuncia mi pensamiento, como si estuviera dicha en voz alta por otro. Su paciente relataba su sueño describiendo una escena. Pero al escucharlo, usted estaba, a su vez, en ese momento, recomponiendo esa escena, tal como vuelve a hacerlo ahora al plantear su pregunta y como volvemos a hacerlo todos nosotros, inevitablemente, al recordar nuestros sueños. Todos reescribimos nuestros sueños. Sin entrar en los detalles del relato que usted refiere, me permitiré una observación. Sepa usted, previamente, que estamos en un marco público y no en una supervisión. Si fuera el caso, mis intervenciones dependerían de la transferencia establecida con el analista que me habría hecho formar parte del sueño de su analizante.

Mi primera observación suscitada por este sueño se refiere al masoquismo erógeno primario y a su relación con el psicoanalista. Me explico. Tomemos una fórmula lacaniana en la que hemos insistido mucho, —"el analista está en el lugar de la apariencia de objeto"—, y repensemos en nuestras palabras de esta noche. En una primera aproximación, deduciremos que si el analista llegara a situarse en el lugar del objeto, podría adoptar una posición masoquista. No estoy diciendo que en la relación analítica uno es masoquista y el otro sádico. Afirmo, simplemente, que la posición adoptada por el analista en el seno de la transferencia es una posición de objeto y, por ende, de objeto del que goza el Otro. Pero, a diferencia del masoquismo perverso, el analista, en cambio, está en una apariencia que se le escapa. El otro día, aquí, cuando hablábamos de la sonrisa del psicoanalista, habíamos dicho que lo importante era considerar su sonrisa como la resonancia en él de la palabra de su analizante. Es esta palabra la que conduce al practicante a posicionarse de tal o cual manera. Es ella la que hace que se deslice o no bajo la máscara viviente de la sonrisa. Cuando el analista está silencioso o sonríe, es decir cuando adopta la posición de apariencia, no se trata, para él, de hacer apariencia —como sería el caso del histérico—, ni de dominar la apariencia —como sería el caso del perverso—; no, el analista *sufre* la apariencia que se le impone. Se presta a ella. Se desliza en la apariencia como en una funda, imitando al objeto.

Esto me conduce a una última consideración sobre el aspecto masoquista del trabajo del psicoanalista en forma de interrogación: ¿cuál es mi satisfacción en el trabajo que hago? ¿Por qué esta pregunta? Asumo sin saberlo el lugar de apariencia del objeto, pero jamás la del objeto mismo. Jamás seré el objeto en sí, mientras sea un ser humano. Por la sencilla razón de que tornarse objeto equivaldría a volverse tan inerte como el mármol. La pregunta que el psicoanálisis debería hacerse bastante a menudo —porque le permitiría intervenir mejor e instalarse más adecuadamente en la transferencia—, es: ¿cuál es mi parte de satisfacción en la acción en la que me comprometo y que me compromete?

Hay una cita de Freud que viene de perlas.[33] Es sorprendente. Freud está preocupado por saber cuál es la función del yo en su relación con el ello y con la realidad. Así, se ve llevado a comparar la función del yo con la del psicoanalista, y escribe: "...el yo se encomienda al ello como objeto de libido..." Puede usted reemplazar "yo" por "analista" y decir: "El yo [por lo tanto el analista] se encomienda al ello como objeto de libido, tratando de derivar en él su libido. No es solamente el asistente del ello, sino también el lacayo obsequioso que mendiga el amor de su amo. Intenta, en la medida de sus posibilidades, quedar en buenos términos con el ello. Hace relucir la ilusión de que el ello obedece a las advertencias de la realidad, y en su posición intermedia entre ello y realidad, resulta sometido demasiado a menudo a la tentación de hacerse complaciente, oportunista y mentiroso, un poco como un hombre de Estado cuyos puntos de vista fueran justos, pero que querría ganarse los favores de la opinión pública". Es extraordinario porque, en efecto, el analista, en ciertas circunstancias, puede dejarse tentar, y, a semejanza del yo, tornarse mentiroso, oportunista y complaciente.

Terminemos retomando el tema del masoquismo a partir de esta cita de Freud. Prosigue: "El yo [para nosotros, el analista] se ubica entre las dos especies de pulsión [pulsiones de vida y de muerte], pero su posición no es imparcial. Por su trabajo de identificación y de sublimación, presta asistencia a las pulsiones de muerte en el ello para el dominio de la libido". Además, retoma lo que hemos leído más arriba: "El yo [el analista] es el asistente del ello. Pero corre el riesgo de volverse objeto de las pulsiones de muerte y de perecer también él. A los fines de esta acción de asistencia, él mismo debió llenarse de libido. Se torna así representante de Eros y, en consecuencia, quiere vivir y ser amado". Termina advirtiendo: "Pero como su trabajo de sublimación tiene por consecuencia una desunión pulsional y una liberación de las pulsiones de agresión en el superyó, él [el yo o el analista] se expone, por su combate contra la libido, a los peligros de las sevicias y de la muerte". Admitirán ustedes que estas líneas dedicadas al yo son eminentemente evocadoras de la acción del psicoanalista, de sus alegrías y de sus penas, de las luchas y tentaciones a las que queda expuesto.

*
* *

Lección III
El dolor y el grito

Freud consideraba el dolor como un verdadero enigma. Veamos lo que declaraba en una reunión de la Sociedad Psicoanalítica de Viena en 1910, luego de una exposición sobre el masoquismo:[34] "Una fuente de la explicación insuficiente de la derivación del sadismo y del masoquismo es nuestra ignorancia relativa a la naturaleza del dolor en general, con sus factores determinantes a medias psíquicos y a medias fisiológicos. El dolor tiene un carácter enigmático". El propio Freud, por lo tanto, se confrontó con este misterio que nosotros, a nuestra vez, nos formulamos como sigue: ¿qué es este dolor inasimilable, vivido como si no estuviera en nosotros, y en el que, sin embargo, se condensa lo que somos y lo que tenemos de más íntimo? Y además, ¿qué es un dolor que no sería reconocido por el que sufre? ¿Cómo puede decirse de un dolor que es inconsciente?

Henos aquí ubicados frente a una doble dificultad: por una parte, hacer transmisibles estas preguntas, es decir enunciarlas de manera tal que consigan concernirnos personalmente sin ser consideraciones demasiado abstractas. Y, por la otra, comprender cómo el psicoanalista puede aprehender en su trabajo un objeto —el dolor— que se sustrae a los sentidos y al pensamiento. Acaso debamos utilizar primero los conceptos y, sin vacilar, olvidarlos enseguida. Es así como procederemos esta noche. Por tanto, vamos a trabajar la teoría, pero trataremos luego de aprehender el dolor de otro modo que con los conceptos.

No podemos descubrir la esencia del dolor íntimo de manera inmediata ni en teoría, ni siquiera con nuestros pacientes; jamás se presenta bajo una forma manifiesta. La alcanzaríamos más bien operando de una manera particular, la misma que Freud aconsejaba a Lou Andreas Salomé en una carta del 25 de mayo de 1916: "Sé que cuando escribo debo enceguecerme artificialmente para poder concentrar toda la luz en un punto oscuro". Frase notable, que podríamos traducir como sigue: para ver con claridad, haced la noche en torno de vosotros. Sigamos traduciendo: la esencia del dolor nos es invisible; forcemos pues la paradoja hasta el final, y dejémonos conducir por lo que yace en el fondo del dolor: el grito.

*

El grito es una descarga motriz

El grito está tan íntimamente ligado al dolor que la mayor parte de los adjetivos que lo califican pertenecen al registro del espacio sonoro: se habla de un "grito agudo" y de un "dolor agudo", se dice "grito lancinante" y "dolor lancinante". Pero, ¿qué es un grito? ¿Estamos tan seguros de que el grito sólo es un sonido? Vamos a volver a encontrar aquí la misma dificultad que teníamos para aproximarnos al dolor, y volveremos a encontrarnos ante una paradoja que marcará el límite de nuestra reflexión.

Partamos de lo que Freud nos enseña sobre el grito. Se refiere a él sobre todo en el "Proyecto", donde lo caracteriza ante todo como una descarga motriz, un exutorio por donde se disiparía el aumento vuelto intolerable de las excitaciones, es decir un exutorio del dolor. Pero superemos esta idea según la cual el grito sería una simple descarga motriz y preguntémonos: ¿por qué no imaginar el grito como el flujo de energía que brota del agujero de la boca considerada como un orificio erógeno? Si admitimos que la boca es un orificio pulsional, podemos pensar que el flujo energético que la atraviesa en su centro es una fuerza definida en relación con otro flujo, con otra fuerza que recorre los labios. En otros términos, habría una relación entre la energía que pasa por el centro del agujero y la que circula en los bordes. Esta relación entre el grito y los bordes erógenos de la boca, entre el flujo que brota del agujero y el flujo circulante en el borde del agujero, entre superficie (es decir el vacío del agujero) y borde del orificio, esta relación está establecida en física electromagnética por la teoría de Stockes.[35] Apoyados en este teorema, podemos concluir que el flujo que atraviesa el agujero es igual al que recorre el borde del agujero. Así, habría una equivalencia entre la energía del grito y el placer sexual de los labios erógenos.

*

El grito es una acción que modifica el ambiente

Pero retomemos a Freud. Tras haber postulado que el grito es una descarga motriz, precisa inmediatamente que esta definición pertenece al mero registro de la ficción. En efecto, si pensáramos que el grito es un exutorio del dolor, significaría que todo dolor puede resolverse por medio de un grito: ¡bastaría con gritar para dejar de sufrir el dolor! Ahora bien, Freud subraya que la descarga motriz no resuelve la tensión. Además, agrega, si por un lado se pone ese grito en la boca de un lactante y si, por el otro, se coloca a la madre, con el grito entre ellos dos, habrá sido introducido el principio de realidad. ¿En qué consiste este principio? Su función consiste en transformar la descarga motriz en energía orientada, en un índice de realidad que permitirá al niño situarse en su ambiente. El lactante grita para modificar su ambiente, para obtener, así, la satisfacción de su necesidad. El grito, por lo tanto, no es ya una descarga, pues cumple una función útil y adquiere un sentido definitivo. Freud denomina "acción específica" a esta modificación apropiada del entorno, así como todos los medios empleados por el lactante para conseguir ese cambio y reducir sus tensiones internas. El *grito-descarga* se transforma entonces en *grito-acción específi-*

ca. Es una observación muy interesante para nuestro proyecto de estudio del concepto de pasaje al acto, pues Freud nos hace encarar el grito como la primera acción del ser hablante. En este trabajo, deberemos articular este grito-acción con la noción de pulsión de dominio, y, más aún, resituar el grito en la relación entre la pulsión de dominio y el sadismo en tanto agresividad.

*

El grito golpea los oídos de quien lo emite y se inscribe en su memoria

Pero, ¿en qué consiste la especificidad de esta emisión que es el grito? Es doble. Por un lado, el grito es una manera de dirigirse al Otro, un llamado lanzado a la persona auxiliadora; volveremos a ocuparnos de esta función de llamado al final de esta lección. Y, por el otro, el grito es un sonido percibido también por el emisor mismo. Por consiguiente, el grito se dirige hacia el Otro; pero, en tanto sonido, retorna a los oídos de quien lo ha proferido.

Interesémonos primero en el grito-sonido que nos retorna, antes de tratarlo como un llamado al Otro. En tanto descarga sonora, el grito retorna, por lo tanto, al emisor como un eco inédito que se inscribe sin que él lo sepa en el sistema de las neuronas del recuerdo (neuronas "psi"). Quien pega un grito lo recibe de retorno y lo inscribe en su memoria. Pero el grito, ¿memoria de qué es? Reservemos por un momento esta pregunta y abordemos ahora la función de "marcador" del grito. El sonido proferido por el que sufre representa no sólo su dolor, sino que confiere al agente, causa de la herida, su carácter de elemento peligroso y agresivo. Por consiguiente, el grito no hace más que representar el dolor y al agente que lo provoca, signa los caracteres intolerables del uno y los dañinos del otro. Lo cual muestra bien a las claras que la esencia del dolor se realiza en un grito. Por ende, el grito sería no sólo la apariencia del dolor, sino la sustancia sonora que le da al dolor su consistencia de afecto penoso. ¡He aquí abierto un inmenso interrogante! Verán ustedes que Freud va más lejos aún y da un salto suplementario que habremos de seguir.

Pero detengámonos un tramo más en el punto donde estamos. Afirmo que el hecho de pensar que, más que representarlo, el grito encarna el dolor, le comunica su naturaleza de afecto inaceptable, lo sostiene y lo funda, constituye una inmensa apertura. Nos vemos así llevados a nuestra tesis de la última lección, según la cual el grito es la apariencia del dolor. Yo había establecido una relación entre el grito como apariencia del dolor y el libreto perverso en el masoquismo. También habíamos definido al masoquista como un amo de la apariencia-grito, como alguien que sabe gritar muy bien. Al respecto, asocio la noción lacaniana de apariencia con los "simulacros" de Lucrecio. En *De natura rerum*,[36] toma de su maestro Epicuro el concepto de simulacro. Les aconsejo echar una mirada a ese libro. Verán ustedes que es absolutamente apasionante en el plano teórico, por cierto, pero hay más que eso. Lean ustedes pues esas páginas de Lucrecio sobre el simulacro, y después vayan a trabajar, siéntense en sus sillones, y escuchen a sus pacientes...

¿Qué nos dice Lucrecio? Que los simulacros son emanaciones extrañas de los objetos, unas especies de membranas ligeras, desprendidas de la superficie de los cuerpos, que flotan en los aires y revolotean en todos los sentidos. Añade que estas membranas a veces son imágenes, y a veces no lo son, que en ocasiones son visibles, pero no siempre. Imágenes a menudo impalpables, exhalaciones extrañas y, sobre todo, irradiaciones rápidas que surgen, se expanden y mueren muy rápidamente. Este texto de Lucrecio merecería que le dediquemos un seminario sobre todo al concepto tan importante de "apariencia" en la obra de Lacan, comparándolo con la noción epicúrea de "simulacros". Ese seminario podría insspirarse en la idea que se perfila ya en Lucrecio: la de una relación causal, casi física, entre la cosa y su apariencia, entre el dolor y el grito.

*

*El grito es una emanación del dolor,
pero también el aliento que lo azuza*

Pero volvamos a nuestra hipótesis de hace un momento, a saber, pensar que el grito no es solamente un representante simbólico del dolor, sino que también marca el dolor así como al agente que lo provoca, con su carácter dañino y nocivo. Aquí, Freud opera un salto en el pensamiento. Nos dice primero que el grito es un representante del dolor, y además imprime al dolor su tonalidad penosa, y sobre todo —es aquí donde da el salto— que el grito es capaz de despertar el dolor. Hasta ahora, decíamos a la inversa: que el dolor produce el grito; ahora decimos que el grito produce el dolor. ¿Cómo? Es aquí donde podemos responder a nuestra pregunta: ¿de qué es memoria el grito? A semejanza de la campanilla de Pavlov, capaz por sí sola de despertar el hambre y hacer salivar al perro, el grito es igualmente capaz de despertar el dolor así como el miedo de ver reaparecer la causa de la agresión. Una vez emitido, el grito sigue en la memoria asociado al agente nocivo y al dolor padecido. En consecuencia, cada vez que un alarido seco golpea los oídos del sujeto, ya sea un grito proferido por otro o un nuevo grito proferido por él mismo, reaparece el dolor como un recuerdo en la carne. Al escuchar los alaridos, sucede que el sujeto siente un dolor físico inexplicable. El grito, por lo tanto, no es solamente una figura del dolor; también puede ser, dado que es memoria, una excitación que hace nacer una sensación dolorosa sin causa orgánica situable; como si esa sensación fuera un dolor alucinado. El encadenamiento de nuestro razonamiento sería, por ende, el siguiente: el grito refleja el dolor, el grito refracta el dolor, y además el grito desencadena el dolor. Lo muestra, lo marca y lo engendra como una producción alucinada.

Al leer estas páginas de Freud a la luz de lo que nos ha enseñado Lacan, reconocemos claramente dos articulaciones importantes. La primera es la siguiente: la relación entre el grito y el dolor alucinado es un ejemplo acabado de la relación fundada entre el significante y el afecto. Se le ha reprochado mucho al lacanismo su inclinación intelectualista por el significante en detrimento del afecto. Pero basta con leer a Freud con este reproche en la mente para comprobar que él mismo se encarga de responder. No se trata de una interpretación de mi parte; esto figura en los escritos freudianos. En realidad, la definición psicoanalítica del afecto retoma la concepción darwiniana. Es Darwin quien le susurró a Freud en el oído la tesis de que todo afecto es una repetición, la repetición de un acontecimiento traumático muy antiguo. Por esta misma razón, el afecto vivido hoy es la reminiscencia de una experiencia pasada, más exactamente el símbolo de un trauma original. El afecto, por consiguiente, es un símbolo o, mejor aún, un significante. ¿Por qué? Porque es reproducible.

Nuestra idea de que el grito es un generador de un dolor alucinado ilustra claramente un principio muy lacaniano: que el significante "hace lugar". En efecto, no basta con decir que un significante representa al sujeto por otro significante, ni que el significante es diferente de los otros significantes que componen el sistema; no basta con decir que un significante no es significante sino para otros significantes: aún queda por decir que el significante es lo que hace lugar y crea lugar. Por lo tanto, la relación entre el significante y el afecto es que *el significante hace el afecto, y crea el lugar del afecto*. He aquí un principio indiscutiblemente lacaniano.

La segunda aproximación que establecemos entre Lacan y el "Proyecto" remite a este pasaje, donde Freud sostiene que el grito, una vez emitido en tanto sonido, está registrado en la memoria al asociarse a la sensación dolorosa que el sujeto está experimentando, y a la percepción del agente que provoca la lesión. Emito el grito, lo oigo, y se inscribe en mi memoria al atraer hacia él el dolor y su causa. Freud observa, por otro lado, que el mismo fenómeno se produce con el lenguaje. Las palabras oídas son las intermediarias necesarias para que el pensamiento sea, gracias a la memoria del lenguaje, un proceso constantemente activo. Si no hubiera producciones verbales en el espacio sonoro, no habría huella del pensamiento, y por consiguiente no habría razonamiento posible.

Esta materialidad sonora del lenguaje, que lo hace apto para inscribirse en nuestra memoria y para preservar el dinamismo del pensamiento, me evoca la concepción lacaniana del lenguaje, no como sistema simbólico, sino como órgano físico y real. Me explico. Cuando Deleuze y Guattari lanzaron la tesis de Artaud del "cuerpo sin órgano", Lacan replicó que el psicótico no estaba desprovisto de órgano, ya que posee uno, fundamental, un órgano con el que cohabita y con el cual cohabitamos todos: el lenguaje. Hay una torsión conceptual, un cambio de perspectiva. Generalmente, consideramos el lenguaje como una estructura simbólica. Y es totalmente adecuado, no hace falta cuestionar nada. En tanto red compuesta de elementos diferentes, obediente a una lógica precisa, el lenguaje pertenece, en efecto, al orden simbólico. Pero no es exclusivamente simbólico, es también real, un real que revolotea en torno de nosotros, como escribía Lucrecio a propósito de los simulacros. Y más aún: es un real que revolotea constantemente en la sesión de análisis, en el consultorio analítico. El lenguaje, por lo tanto, es un órgano, no en el sentido instrumental de un utensilio eficaz —como lo cree Chomsky—, sino un órgano que prolonga y extiende el cuerpo. Cuando pronuncio esta frase, inmediatamente se me ocurre el mito de la laminilla, de la libido en tanto laminilla. Una libido que se desprende del cuerpo como emanación de su fuerza vital y va más allá de sus límites. Más que situar el lenguaje en su única dimensión simbólica, nos conviene concebirlo igualmente en su dimensión de órgano sonoro que desmultiplica nuestro cuerpo. Si subrayo este aspecto real del lenguaje, es para mostrar bien que no sólo es materia emitida por el sujeto, sino también almacenable en la memoria. Esto es pues lo que teníamos para decir sobre el grito como entidad física, sonora y almacenable.

*

El grito es un llamado al Otro

Acerquémonos ahora al grito como a un llamado al Otro. Para comenzar, prefiero leerles una frase de Freud, muy importante para nosotros esta noche. Está tomada del "Proyecto". Se refiere al grito y concluye el párrafo del modo siguiente: "Esta vía de descarga [es decir el grito] cobra así la función secundaria, importante en extremo, del *entendimiento*.* El grito como descarga cumple entonces una función secundaria, la de favorecer la comprensión mutua entre el lactante y su madre. Y prosigue Freud con otra proposición más difícil: "...y el inicial desvalimiento del ser humano es la *fuente primordial* de todos los *motivos morales*."[37] Pero, ¿qué es un grito, sino la expresión más fiel de nuestra impotencia? Nuestros gritos aúllan siempre nuestra rabia de estar sometidos a nuestros límites, y nuestra debilidad para superarlos. En consecuencia, podemos decir que si el grito expresa la impotencia original del ser humano, expresa asimismo la fuente primera de todos los motivos morales. Pero preguntémonos cuáles son esos motivos morales. En psicoanálisis, llevan un nombre preciso: el superyó. Pues bien, la fuente del superyó es la impotencia y el grito que la encarna. ¿Por qué? Porque esta demanda innata, la más inarticulada de todas las quejas, esta interjección que es el grito, ese enunciado ultrarreducido, en fin, este llamado con el que el lactante clama su impotencia, alcanza al Otro, a la madre, y suscita, a modo de retorno, una intervención auxiliadora. ¿Qué tipo de intervención? Primeramente, la que consiste en interpretar el grito del niño y otorgarle un sentido, y además, sobre todo, nombrar en el lugar del niño lo que su grito designa. De modo que el grito inarticulado del lactante se transforma, gracias a la voz articulada del Otro, en una palabra. Una palabra recibida por el niño como una voz imperativa, que más tarde será la voz interior del superyó. El grito al Otro se torna así la voz interior del superyó. Recuerden ustedes la insistencia de Freud en subrayar el origen acústico del superyó. Con el grito, estamos en la raíz misma del superyó. El surgimiento del superyó sólo es posible en el seno de la relación con el prójimo, calificada por Freud como entendimiento mutuo.*Una comprensión en realidad muy limitada, ya que el niño no se comunica sino con un aspecto del Otro. Expliquémonos.

En efecto, el Otro se presenta al niño de dos maneras diferentes: como ser accesible y familiar, pero también descono-

---

* En el original francés del texto citado de Freud dice: "...la de *comprensión mutua*". [T.]

cido e impenetrable. Debo recordar aquí la noción freudiana de "complejo perceptivo del otro". Según esta noción, la madre o el adulto tutor se ofrece a los ojos del lactante como un prójimo que vive, cambia y se desplaza, y, por otro lado, como alguien que, pese a sus vaivenes, siempre es el mismo, inalterable. Por lo tanto, el complejo perceptual entraña dos partes: una donde el otro es cambio, y otra donde es estable e inmutable. El Otro que cambia se presenta como el prójimo cuyos rasgos me remiten a mis propios rasgos, los gestos a mis propios gestos, y así sucesivamente, en un interminable ida y vuelta. En estas remisiones permanentes hay todo un trabajo de rememoración, pues sus gestos me recuerdan los míos y, cuando se encoleriza, sus gritos me recuerdan mis propios gritos que me hacen revivir mis primeras experiencias dolorosas. Es precisamente en esta confrontación con la faz cambiante de la madre donde Freud sitúa no sólo el surgimiento del superyó, sino también, y sobre todo, el origen del juicio.

*

El grito es un llamado al silencio del vacío

> *El prójimo es la inminencia*
> *intolerable del goce.*
> Jacques Lacan

Empero, nuestro interés recae también en la otra fracción del *complejo perceptivo del prójimo*, a saber la faz inmutable y desconocida del Otro. Este se ofrece entonces ya no como ser semejante y humano, sino como una Cosa inaccesible —*das Ding*—, esa Cosa de la que Lacan ha hablado tanto. La Cosa es la parte no asimilable del Otro, su presencia extraña e invariable. He aquí el punto más importante de mi intervención de esta noche. Es aquí, entre las dos fracciones del complejo del prójimo, entre la percepción del Otro como un doble que me ayuda a reconocerme, y su percepción como Cosa absoluta e impenetrable, donde se instala el grito.

El grito retoma estas dos fracciones del Otro bajo la forma de un grito de doble faz. Una, que acabamos de establecer, es la que admitimos más fácilmente: el niño grita y la madre responde, la madre grita y el niño recuerda sus gritos y sus dolores. Mientras que la otra faz del grito, la que corresponde a la segunda fracción del complejo del prójimo, no es más comunicación con el Otro, sino llamado a la Cosa, relámpago que la revela. Basta con un grito intenso y visceral para ver levantarse ante nosotros, en el centro del vínculo con la madre, la inmensidad silenciosa de *das Ding*, la Cosa absoluta e inasimilable. Esta Cosa exterior a mí es, sin embargo, lo más central e íntimo que tengo. Debería decir lo que *nosotros* tenemos de más central e íntimo, ya que la Cosa no es sino un vacío absoluto, impersonal y común a los dos *partenaires* del lazo de amor y de deseo. Lacan inventa un neologismo, "extimia", para nombrar la Cosa, a la vez exterior e íntima. Pero esta Cosa no resuena ni vibra, es silencio, puro silencio: yo grito, él grita, y es el silencio de la Cosa lo que brota y se impone.

Hemos partido de la interrogación siguiente: ¿cómo concebir un dolor que no se siente? Como ustedes ven, no se trata del dolor físico ni del dolor del fantasma sadomasoquista que hemos estudiado la última vez; no se trata tampoco de diversas formas clínicas que adopta este dolor, como la reacción terapéutica negativa. Ahora querría ir más lejos, forzar la paradoja justo antes de que se rompa el hilo. Nos habíamos referido al grito en tanto descarga motriz; estábamos en suelo firme. Luego lo hemos definido como un grito de llamado y después como un sonido inscripto en la memoria. Pero ahora nos encontramos ante un nuevo umbral a franquear, ante un campo completamente diferente: un grito que llama a la Cosa y hace surgir el silencio. Hemos operado una torsión y encontrado una paradoja: un grito que engendra el silencio y un dolor que no se expresa.

Pero, ¿cómo hacer manifiesto un grito que impone el silencio? ¿Cómo visualizar ese fragmento de real? Pues bien, necesitamos un grito pintado, la pintura de un grito. He traído esta noche el cuadro de un grito. Hay un solo pintor, casi diría un solo cuadro, que me ha dado la impresión de estar ante el grito que buscaba. Es el cuadro de un artista célebre hoy, Francis Bacon. Ha sido pintado en 1949, según el retrato de Inocencio X, realizado en 1650 por Velázquez en un viaje que hizo a Italia. Este lienzo de Bacon titulado *Head IV* ha sido extensamente comentado en un notable libro de entrevistas entre el artista y el periodista David Sylvester.[38] En él, el pintor evoca su relación con el grito. Pero dejemos primero hablar a Bacon antes de que yo les diga por qué este cuadro representa exactamente lo que yo buscaba. David Sylvester se sorprende de que el pintor haya realizado un grito proferido por un papa, y le pregunta si hay alguna relación con el padre. Y Bacon le responde que jamás estableció la menor relación entre el papa y el padre, pero que siempre estuvo fascinado por la boca sonriente pintada por Velázquez, boca que había tratado de reproducir miles de veces sin conseguirlo. En la respuesta de Bacon se percibe una suerte de mezcla de nostalgia y de modestia, cuando confiesa haber hecho una boca deforme porque era incapaz de pintar una sonrisa o un estremecimiento de alegría en los labios. Además explica que, finalmente, quiso representar una boca que gritara a falta de una boca sonriente. Pero lo que más me interesa es la continuación del testimonio. Confía lo siguiente: "Usted podría decir que un grito es una imagen de horror; en realidad, quise pintar el grito más que el horror". Si ustedes miran detenidamente el cuadro, verán que da la curiosa impresión de que ninguna sonoridad sale de esa boca abierta, de que ningún grito estridente parece figurar allí. Se trata de una cosa muy diferente. ¿No sienten ustedes con espanto que ese grito mudo y profundo es en realidad no una espiración brutal del aliento sino una inspiración; más aún, una aspiración violenta del aire precipitándose en la cabeza para desgarrarla? Observen la cabeza de este personaje: es un cráneo atomizado como si el silencio reinante en esta celda de vidrio estuviera absorbido de un golpe por la boca aspirante, abierta, de este extraño papa.

Lo que les describo me ha sido confirmado por una paciente. En su momento, me sobrecogió. Estaba preparando esta lección y buscaba obras que representaran un grito. Al respecto, el propio Bacon nos indica que, para él, el más bello grito figurado en pintura es el de Poussin en la *Massacre des innocents*, que puede admirarse en el museo de Chantilly. Fui a ver ese cuadro, pero no me produjo el mismo efecto que el de Bacon. En ese momento tuvo lugar una sesión con una paciente que tenía la particularidad de no poder refrenar sus gritos, y que sufría mucho. Este síntoma se desvaneció después de un embarazo. La secuencia es la siguiente: "—Como usted ve, dice, ahora ya no grito, la policía ya no viene en medio de la noche. —¿Cómo se lo explica?, le pregunté. —No sé. —Pero, ¿qué era gritar para usted? —¿Gritar? Cada vez que aullaba, sentía que el grito se me subía a la cabeza y llenaba un vacío; como si gritara con toda la cabeza o, si usted prefiere, como si la cabeza entera fuera toda ella una boca. No sé." ¿No es acaso la mejor y más sensible descripción de este cuadro? Es un grito sordo, un grito de silencio, un grito que absorbe. No es un grito que espira, es un grito que aspira y vacía el espacio. Ahora bien, cuando pronuncio esta palabra, "aspiración", me acude a la mente la concepción freudiana del dolor melancólico comprendido como una hemorragia interna provocada por una aspiración violenta. Freud utiliza la expresión "sopapa" y "bomba aspirante e impelente" para imaginar la fuerza que aspira y vacía toda la libido. Justamente, es la succión poderosa del interior lo que resulta doloroso. Pues bien, este silencio, este grito ilustrado por Bacon es un grito que absorbe el silencio, es un grito del mismo orden, es una hemorragia hacia adentro.

No querría terminar sin decirles lo que significa para mí este acto de introducir un cuadro en nuestro seminario. Mi gesto apunta a otra cosa que a una simple ilustración de un saber teórico sobre el grito. Es más que eso. Es una indicación de la posición que puede adoptar el analista ante el dolor y el grito de sus pacientes. Me explico. Tenemos la teoría que, a mi entender, no presenta más interés que el de hacernos hacer las preguntas adecuadas. Ustedes podrán leer miles de textos, pero lo único importante es que sepan hacerse la pregunta pertinente. Para mí, la relación de la teoría con la práctica pasa por las preguntas. El *savoir faire* del analista es el saber interrogarse. Pero allí, estamos en otra parte, estamos en otro registro que el de saber hacerse las preguntas adecuadas. Por cierto, hemos trabajado el grito y el dolor según una aproximación teórica, hemos utilizado conceptos, y hemos planteado preguntas apropiadas como por ejemplo: ¿qué es el dolor no sentido? Pero, insisto, la introducción de una pintura en un seminario no apunta a ilustrar lo que sabemos en teoría o lo que creemos saber. Para formaciones psíquicas tales como el dolor y el grito, la reflexión y las preguntas no bastan. No, hace falta algo más: concentrarse, "hacer la noche para sacar a la luz el punto oscuro", polarizarse en el punto más opaco, y entonces ver, es decir visualizar lo real, casi alucinarlo. Estas palabras pueden parecer sorprendentes para aquellos que no tienen práctica con pacientes. Pero pienso que los analistas que ejercen la escucha o los analizantes que ya tienen un recorrido analítico pueden entenderme. Sucede que los practicantes ya no se satisfacen, en ciertos momentos, con su saber, y se sienten llamados a visualizar o a alucinar los fantasmas que surgen en el seno de la transferencia. Cuando escuché a esta paciente confiarme su dolor de gritar, les confieso mi sorpresa pues, en el momento preciso en que tenía ese cuadro en la mente, escuchaba la voz de alguien que me lo describía sin haberlo visto jamás. No puedo transmitirles mejor lo que es el deseo del psicoanalista.

*

☐ *Según usted, ¿por qué el artista ha pintado el grito más que el horror?*

Recuerde usted la réplica de Bacon. Es una respuesta a su pregunta: "Usted podría decir que un grito es una imagen del horror. En realidad, he querido pintar el grito más que el horror." Es justamente porque el pintor ha querido expresar el grito más que el horror que la Cosa se revela. Creo que si hubiera querido representar el horror, habría hecho una pintura figurativa del horror y habríamos estado privados de esta emoción de un grito excepcional, de un grito mudo. No pinta el horror, sino el grito, y hace surgir el horror bajo la forma de un silencio absorbido.

☐ *¿El grito es exclusivamente la expresión del dolor?*

Por supuesto que no. Todos sabemos hasta qué punto un grito puede expresar la alegría y muchas otras emociones. Pero he preferido centrarme en la relación del grito con el dolor. Así, su pregunta me recuerda un texto de Hegel, escrito cuando era muy joven. En realidad, son apuntes de viajes. Dedica una página al dolor, donde el grito está definido como la expresión absoluta del dolor. El dolor —añade—, que se expresa tan puramente por medio del grito, curiosamente puede ser calmado por otro grito. Toma el ejemplo de las plañideras, que cantan en los funerales el dolor de haber perdido al ser amado, y se pregunta cómo explicar que este canto, que, finalmente, no es otra cosa que un grito sublimado, pueda ser un bálsamo para el sufrimiento. Ahora bien, leyendo estos apuntes se me ocurrió que debe existir una relación de ritmo entre el dolor mudo sentido por la persona enlutada y la queja de otro que le presta la voz. Pienso que este acorde rítmico es lo que exorciza el dolor. Hemos dicho que el grito representa el dolor, y que hace algo más que representarlo, dándole su sustancia, y, por último, es capaz de engendrar un dolor alucinado. Y he aquí que, gracias a las plañideras, descubrimos que el grito también puede calmar el dolor.

☐ *¿El grito podría tener alguna función terapéutica?*

Voy a tomar un ejemplo, el del autismo, donde, efectivamente, se pueden plantear dos problemas. En primer lugar, ¿qué función tendría el grito en el tratamiento de un autista? ¡Cuidado! ¡No estoy diciendo que hay que hacer gritar a los niños autistas! Me interrogo con prudencia acerca de la función del grito desde la perspectiva de las palabras articuladas. En efecto, bastante ingenuamente, se podría imaginar que el niño autista, que no articula palabra, debería comenzar por gritar, como todos nosotros, que entramos a la vida con un grito. Mi segunda observación atañe al problema de la relación de la boca con el grito en el autista, o más bien de la relación de la boca con las palabras. En el transcurso de una supervisión, mientras el analista me refería algunas sílabas que un niño autista conseguía pronunciar, se me ocurrió la idea de que, finalmente, no había que tratar de que pronunciara palabras sino que se trataba de disponerse, en tanto terapeuta, a ver surgir en el niño ciertos ruidos, ciertos fonemas, que le constituyen una boca. Supongo que un sonido incipiente dibuja la boca, crea una boca. No es la boca la que se presta al sonido, es el sonido el que cava la boca y la modela. Recuerden ustedes las palabras que acabamos de ver acerca de la relación del grito en tanto flujo, y del flujo alrededor de los labios. Habría que estudiar, a propósito del autista, esta relación entre el sonido y la boca, entre el grito, los fonemas y los bordes erógenos de la boca. Por qué no pensar que, finalmente, en el autista, habría que crear una zona erógena allí donde no la hay.

Retomo lo que decíamos a propósito del cuadro de Bacon donde la boca parece no tener tercera dimensión. Pues bien, es exactamente la idea que deberíamos tener de la boca de un niño autista. Incitarlo a emitir sonidos para crear el vacío erógeno de una boca con bordes.

*
* *

Lección IV
El dolor del duelo

Esta noche quisiera abordar el tema del dolor del duelo. Esta forma del dolor es, como todas las otras, un enigma persistente. He aquí las dos citas con las cuales deseo abrir esta lección. La primera está tomada de "Duelo y melancolía", texto que será nuestra referencia principal. Al hablar del trabajo del duelo, Freud se interroga: "¿Por qué esta operación de compromiso, que es el ejecutar pieza por pieza la orden de la realidad, resulta tan extraordinariamente dolorosa?"[39] Seis años más tarde, leemos casi la misma frase en *Inhibición, síntoma y angustia*: "Por otra parte, recordemos que en nuestro examen del duelo no pudimos llegar a comprender por qué es tan doloroso."[40] A lo cual yo añadiría: cuando nos parece, empero, que va de suyo que la separación del objeto es dolorosa.

Duelo normal y duelo patológico

Nuestra interrogación de hoy es la siguiente: ¿Cómo explicar que el duelo sea tan penoso y doloroso? Ciertamente, no agotaremos tal pregunta, pero tratemos, no obstante, de responderla. ¿Qué es el duelo? Es la reacción a la pérdida de un objeto de amor. En esta corta frase se encuentran condensados los dos grandes ejes del duelo que vamos a despejar esta noche.

El primero concierne al objeto mismo del duelo. ¿Qué es justamente este objeto de amor cuya pérdida hace sufrir? El segundo eje es: ¿cuál es la naturaleza de la reacción a esta pérdida? ¿En qué consiste el proceso del duelo?

Comencemos por el objeto. Precisamente, es a propósito de la naturaleza del objeto como Freud distingue el duelo normal del duelo patológico, o incluso el duelo normal de la melancolía. Vamos a establecer sus diferencias, pero sepan ustedes que a continuación dejaremos de lado tal distingo. En primer lugar, porque el propio Freud, en el transcurso de su elaboración, abandona la diferencia que había establecido. Y además, si nos referimos a Melanie Klein, por ejemplo, comprobamos que ella considera la distancia entre el duelo patológico y el duelo normal como una distinción de grado y no de estructura. Y, por último, el propio Lacan, al tratar el duelo, habla de él a veces como si se tratara de una sola forma de duelo, el duelo patológico.

Aclarado esto, ¿cuáles son las diferencias que formula Freud en un primer momento? Dice lo siguiente: "Mientras que en el duelo normal, la pérdida es consciente, en el duelo patológico, esta pérdida es radicalmente inconsciente. El melancólico puede saber *a quién* ha perdido, pero no sabe *qué* ha perdido en la persona desaparecida". Observemos inmediatamente que toda la problemática del objeto *a* se sostiene en estas frases. Sabemos *a quién* hemos perdido, pero no sabemos *qué* ha sido perdido con la desaparición de la persona amada. He aquí una primera distinción que, como ven ustedes, no basta para separar el duelo normal del patológico, porque se vuelve a encontrar rigurosamente esta parte inconsciente en todas las formas de duelo.

La segunda diferencia entre duelo normal y patológico se funda en una comprobación clínica. Se sabe que la melancolía fue una de las primeras enfermedades mentales sistematizada y tratada por la medicina. Los autorreproches del melancólico no se encuentran siempre en el duelo normal. A partir de esta comprobación de que las quejas del melancólico no se dirigen al objeto perdido sino a sí mismo, Freud concluye en la célebre hipótesis de la identificación del yo melancólico con el objeto desaparecido. Por otra parte, es porque el melancólico se autocritica que Freud, inspirado en Abraham, concluye: "En realidad, estas críticas no son verdaderas autocríticas. Estas críticas recaen sobre el objeto incorporado en el yo". A partir de allí, propone una tesis hasta entonces indiscutible: el yo del melancólico incorpora el objeto perdido y se identifica con él. Veremos más adelante que toda la diferencia reside en la definición de este objeto amado y perdido; objeto que, por otra parte, está en la base de la noción lacaniana del objeto a. Sin embargo, esta identificación no es tampoco un rasgo exclusivo de la melancolía. Y, por consiguiente, sigue siendo delicado establecer un corte tajante entre ésta y el duelo normal. En la clínica, sabemos igualmente que las autoacusaciones no son específicas del melancólico. Algunas depresiones obsesivas están muy frecuentemente acompañadas de actitudes de desprecio respecto de sí mismo, sin que por ello se trate de una psicosis depresiva. La tesis de la identificación con el objeto perdido sigue siendo, por lo tanto, una tesis muy general y válida tanto para la melancolía como para el duelo patológico o el normal.

La identificación de la persona en estado de duelo con su amado desaparecido

Ahora bien, ¿en qué consiste exactamente esta identificación? ¿Qué quiere decir que el yo se confunde con el objeto? Esta identificación, llamada narcisista, se explica por medio de un mecanismo que interesa mucho a Freud en esta época, entre 1915 y 1917, el del retiro de la libido hacia el yo. Toda la libido del amante que investía al objeto cuando estaba vivo retornaría al yo después de la muerte del amado. Este es el movimiento que subyace a la apropiación narcisista del objeto amado y desaparecido. Sitúo el descubrimiento de este mecanismo identificatorio entre 1915 y 1917, pero en realidad ya desde 1900 Freud se preocupa por formalizar una lógica de los diversos modos de retiro de la libido, según cada estructura clínica. Ya sea en la paranoia, la melancolía o la histeria, se observa invariablemente un retiro de la libido. Recuerden ustedes que ya hemos abordado esta cuestión en nuestra segunda lección, pero esta noche vamos a tratarla desde otro punto de vista.

Por consiguiente, si hay retiro de la libido, preguntémonos a partir de dónde y hacia dónde se efectúa. Por cierto, desde el objeto hacia el yo. Pero, ¿qué es este objeto que llamamos amado y perdido? Respondamos inmediatamente: no se trata de la persona del difunto, sino de su representación o de su imagen en mi inconsciente. Por tanto, no es su persona en tanto tal la que recibía mis investiduras afectivas, sino sus representaciones mentales en mí. ¿Qué representaciones? Las "representaciones de cosas inconscientes" relativas al ser amado y hoy desaparecido. Entonces, para retomar nuestra pregunta: ¿de qué lugar proviene el retiro de la libido? La respuesta es: la libido se repliega sobre el yo a partir de las representaciones de cosas del objeto amado y perdido. Amado, es decir escogido por obra de una elección narcisista. En otras palabras, la libido se ha retirado de las representaciones de objeto de amor para dirigirse a una parte muy precisa del yo que Freud llama "prueba de realidad". Ustedes tal vez objeten que la prueba no es un lugar. Ciertamente, la prueba de realidad es ante todo una función del yo, una suerte de aduana gracias a la cual el yo discierne las percepciones internas de las percepciones externas. No obstante, esta prueba de realidad tiene una localización bien delimitada en el yo: el sistema percepción-conciencia. Aquí los remito a referencias que supongo bien conocidas, en particular al esquema del capítulo VII de *La interpretación de los sueños*.[41] En ese capítulo, Freud sostiene la siguiente observación: "Los objetos exteriores son percibidos por el sistema de percepción, es decir por la superficie de percepción del lado exterior". Y agrega: "Es la prueba de realidad hacia el exterior". Ahora bien, también hay una prueba de realidad del lado interior. Por eso les pido que traten de imaginar la corteza de un árbol con sus dos caras, una exterior para percibir la realidad exterior, y otra interior para percibir... ¿qué? Para captar "endopsíquicamente" los movimientos de las pulsiones, y hacerlos repercutir en la conciencia bajo la forma de sentimientos. Ya hemos empleado el término "sentimiento" en la segunda lección, tratando de situar el "sentimiento inconsciente de culpabilidad" producido por la percepción endopsíquica del deseo incestuoso.

Por el momento, precisemos lo siguiente. El retiro de la libido en el yo es en realidad un desplazamiento en el seno mismo del yo. Es decir que el desplazamiento de la libido es ínfimo. Pero es justamente en estos movimientos mínimos donde tendrá lugar el verdadero trabajo del duelo.

*

Cambiemos por un instante el registro para ver la misma identificación con el objeto amado y perdido, pero bajo otra forma. Freud nos dice: "El duelo es la pérdida, la reacción a la pérdida de un objeto de amor". Insisto: no se trata de cualquier objeto. No se hace el duelo de un ser que nos ha sido indiferente, sino de un ser al que hemos elegido y amado intensamente: "objeto elegido por elección narcisista". Pero, ¿cuál es el objeto narcisista por excelencia? Quiero decir: ¿cuál es el objeto que ha sido privilegiado por interés estrictamente narcisista, y luego perdido? ¿Cuál es el paradigma del objeto de duelo? El objeto más narcisista, aquel del que tenemos que hacer el duelo es el pene. Al respecto, habría que leer, simultáneamente "Duelo y melancolía",[42] y otro pequeño artículo titulado "El sepultamiento del complejo de Edipo".[43] Ustedes podrán relacionar inmediatamente el duelo de un ser amado con lo que se puede considerar como duelo de un órgano también muy amado, el pene. Ustedes conocen muy bien este duelo. Consiste en lo siguiente: el niño, ante la amenaza de castración, elige salvar su órgano peniano renunciando al deseo incestuoso respecto de su madre. Pero lo salva de tal manera que lo pierde pese a todo: lo vuelve inutilizable para cumplir el deseo incestuoso. Así, el pene es salvado de la amenaza de castración, pero se pierde en tanto órgano activo del deseo prohibido. En fin, el niño conserva su pene en tanto parte del cuerpo, pero lo pierde en tanto medio y agente del deseo incestuoso.

Se puede descomponer esta pérdida en dos tiempos. Primero suprime el órgano para elevarlo a la dignidad de significante. Transforma al pene en *significante fálico*. En consecuencia, ya no se hablará de "pene", sino de "falo". Además, segundo tiempo, ya no es un movimiento de supresión y de elevación —como el *Aufhebung* de Hegel—, sino un movimiento de identificación con el pene como objeto amado. Es allí donde encontramos no el significante, sino el *objeto fálico*. El falo es aquí el objeto fálico imaginario de una castración simbólica.

En suma, el pene del varón se pierde de dos maneras: o bien el niño neutraliza su órgano y lo eleva a la dignidad de significante, es decir pone palabras en el lugar de su pene: a falta de poder acostarse con la madre, le declara su amor. O bien, segundo destino, segunda pérdida, en lugar de suscitar significantes, en lugar de simbolizar, el niño se pone en el lugar del objeto, es decir que se identifica con el órgano peniano. Es de esta identificación de donde surgirá el objeto fálico imaginario. No tiene el falo, sino que lo *es*. Estos son pues los dos destinos del pene: volverse significante fálico, símbolo del deseo sexual, o bien volverse objeto fálico imaginario de la castración. La identificación narcisista, la misma que está en el centro del duelo, concierne precisamente a este último destino, es decir al hecho de identificarse con el objeto perdido. En su reflexión sobre el duelo, Freud retoma exactamente este modelo de identificación del niño con su órgano peniano, identificación que culmina, por lo tanto —insisto— en la constitución del objeto fálico imaginario.

Es ahora —aún me falta un eslabón— cuando la formación de este objeto fálico imaginario se produce en el interior del campo del Otro, es decir en el interior del campo de la castración del Otro. ¿Por qué? Porque "castración del Otro" quiere decir simplemente que la madre tampoco tiene lo que desea, que está castrada, y que por ende es deseante. El niño se hace objeto en el vacío del deseo de la madre. Ahora podemos comprender mejor la tan bonita propuesta de Lacan, que se encuentra en el seminario sobre *La Angustia*,[44] cuando se refiere al duelo: "Estamos de duelo por aquellos para quienes hemos sido, sin saberlo, su objeto faltante". Traduzco: su falo imaginario. Estamos de duelo por aquellos —los pocos elegidos— para quienes hemos sido el soporte de su castración. Operemos un salto y digamos: estamos de duelo por aquellos para quienes hemos sido su objeto *a*. Ya oigo su interrogación: pero ¿cómo puede usted identificar el objeto *a* con el objeto fálico imaginario? En efecto, no los identifico realmente, ya que el objeto imaginario de la castración del Otro no es sino la fachada, la figura imaginaria, del objeto *a*. No puedo detenerme en este punto, que dejo en suspenso, pero concédanme el salto que consiste en entender la frase de Lacan del siguiente modo: "Estamos de duelo por aquellos para quienes hemos sido el objeto *a*". La desaparición de la persona amada nos revela, en el momento del funeral, por ejemplo, ante la visión sobrecogedora del cuerpo inerte, que hemos sido su falta, que éramos el objeto de su deseo. Como si, antes que el otro muriera, hubiéramos sido su objeto sin saberlo; y como si después de su desaparición, con el dolor, descubriéramos que siempre lo hemos sido y que seguimos siéndolo durante un tiempo, el tiempo del duelo. Dicho de otro modo, hay una suerte de revelación retroactiva de un lugar que ignorábamos que ocupábamos en la relación con nuestro propio deseo y con el deseo del Otro. Esto es lo que puede decirse del proceso de identificación con el objeto, identificación que tiene lugar no sólo en el duelo, sino mucho antes de la muerte del amado.

Para concluir, podemos afirmar que, cuando desaparece el otro que era mi elegido y para quien yo era el elegido, pierdo no sólo la persona, sino el lugar de objeto *a* y de objeto imaginario que ocupaba para él.

*

Pero entonces se impone una pregunta: ¿qué significa perder el lugar de objeto *a* y de objeto imaginario? Y, al respecto, ¿en qué esta pérdida participa del duelo? Responderé de dos maneras.

Aquello que se pierde con la muerte del ser querido es en primer lugar la imagen de mí mismo que me permitía querer. Lo que he perdido ante todo es el amor de mí mismo que el otro hacía posible. Es decir que lo que se ha perdido es el yo ideal, o más exactamente mi yo ideal unido a la persona que acaba de desaparecer. Digo la "persona", pero ¿qué es realmente? Por cierto, podemos convenir en que cuando se produce la muerte de un ser querido, pierdo ese yo ideal propio de nuestra relación de amor y de deseo. Pero, ¿es eso todo lo que pierdo? Yo era el objeto, pero él, ¿qué era exactamente? No era mi yo ideal, sino el soporte real de ese yo. Empero, hay otra cosa que se ha ido con su muerte. Aquello que ha partido con él no es solamente mi yo ideal, sino el soporte viviente que era su persona, a saber su olor, el timbre de su voz, el encanto de su presencia. Lo que pierdo al perder a mi amado es la pulsión, el cuerpo pulsional o, más exactamente, el objeto pulsional que daba consistencia a mi imagen —yo ideal— que me daba para amar. Lo cual nos lleva a releer la fórmula de Lacan del siguiente modo: "hacemos el duelo de aquellos para quienes hemos sido el objeto, es decir la falta", "hacemos el duelo por aquellos que, a su vez, han sido para nosotros el objeto, la falta, el soporte pulsional de nuestro yo ideal".

Sin embargo, no puedo afirmar que al perder a mi amado pierdo la pulsión, ya que sigo viviendo. Sí, he perdido tal voz, tal objeto de pulsión, pero la pulsión se desplaza y se traspone. Pienso en el artículo de Freud "Sobre la transmutación de las pulsiones",[45] en donde nos enseña que existen desplazamientos de los objetos de la pulsión. Pues bien, el dolor sería —ésta es mi hipótesis— un objeto de pulsión transitorio, provisorio, como si fuera necesario que el sujeto, bajo el shock de la muerte del otro, no cesara de ejercer su actividad pulsional, pese a las inhibiciones propias de la fase del duelo. En fin, entre la voz que se va y la que tal vez venga, intercalo el dolor. Les propongo reflexionar sobre este nuevo abordaje del dolor del duelo en tanto objeto de pulsión.

Freud no sitúa el dolor como exclusivamente vinculado a la pérdida, sino al trabajo del duelo. Es un matiz sutil que reviste, no obstante, una gran importancia. No se plantea la cuestión de saber por qué la pérdida es dolorosa, sino por qué el trabajo del duelo resulta doloroso. Nuestra interrogación se detendrá ahora en esta delicada distinción.

*

El dolor del duelo no es dolor de separación, sino dolor de amor

El dolor se genera y se desprende en la actividad de compromiso y de transacción propio de la elaboración de un duelo. Ahora bien, ¿por qué, se pregunta Freud, esta actividad de transacción que responde al imperativo de la realidad —la persona en estado de duelo *debe* desprenderse del muerto— es tan dolorosa? ¿En qué consiste este trabajo? ¿Qué es la elaboración del duelo? Es una lenta y minuciosa recuperación de cada uno de los detalles del vínculo que me unía al objeto amado, ahora perdido. En este trabajo, cada recuerdo del difunto está tratado por el yo según tres procedimientos. En primer lugar, hay una focalización, una delimitación de cada recuerdo y de cada imagen unidos al objeto perdido. Una vez que la imagen ha sido bien situada, se produce entonces una desinvestidura de dicha imagen. Por lo tanto, la primera operación es la focalización. La segunda, la desinvestidura. La tercera operación es un pasaje de la libido, desprendida de la imagen mental del otro, hacia una parte del yo. Es precisamente este movimiento el que produce la identificación con el objeto, más exactamente con la imagen del objeto. Destaco inmediatamente un aspecto muy importante para nuestra demostración, a saber que el procedimiento de focalización de cada una de las representaciones inconscientes del objeto —que también llamamos "recuerdo" o "imagen"— consiste en una sobreinvestidura afectiva. Así, se pueden nombrar tres niveles de la elaboración del duelo: *sobreinvestidura, desinvestidura* y, por último, traslado del afecto al conjunto del yo, es decir *identificación*.

Ahora bien, ¿qué es el dolor? Cuando se lee "Duelo y melancolía", se tiene la impresión de que la tarea principal que debe cumplir el yo en el transcurso del duelo es desprenderse de los recuerdos vinculados al muerto: desprender, es decir desinvestirlo afectivamente. Después de esta lectura, uno tiene ganas de concluir que, si hay dolor, es a causa de la desvinculación, de la separación y de la disolución del lazo. Si quisiéramos expresar este proceso con el vocabulario freudiano clásico, diríamos: el dolor se engendra en el desplazamiento de las investiduras que abandonan la representación de objeto para irradiarse en el yo en tanto investiduras narcisistas.

Otros autores, como Melanie Klein, por ejemplo, consideran el dolor como efectivamente debido a la pérdida propiamente dicha. Es la posición clásica de aquellos que, tras haber estudiado el fenómeno del dolor, consideran que está provocado por una lesión del yo. En esta hipótesis, el dolor respondería a una concepción sustancialista del yo concebido como un cuerpo que sufre porque la pérdida del amado le ha arrancado una parte de sí mismo. No obstante, al releer "Duelo y melancolía", como acabamos de hacer, comprobamos que el dolor no está inmediatamente vinculado con la pérdida, sino con el trabajo del duelo, entendiendo por "duelo" no "pérdida" sino reacción ante la pérdida.

Ahora bien, he aquí que en *Inhibición, síntoma y angustia*[46] Freud parece decirnos primero lo contrario, para, finalmente, concluir con una solución de compromiso entre su afirmación inicial de "Duelo y melancolía" y la aparentemente opuesta de la "Addenda C". En este pequeño texto, recuerda en un primer momento que "el dolor [corporal] es una excitación que hace efracción en el dispositivo para-excitaciones y actúa, en consecuencia, como una excitación pulsional constante, determinando una parálisis." Y agrega: "Pero finalmente, esta definición del dolor no toma en cuenta un dolor como el del duelo". Entonces, ¿cómo hacer corresponder la definición del dolor corporal con la del dolor psíquico, en particular el dolor del duelo? Escribe: "El dolor corporal supone una sobreinvestidura de la representación psíquica del lugar lesionado del cuerpo". Observen ustedes que no se trata de la representación del objeto como era el caso del duelo, sino del lugar lesionado del cuerpo. Además, al comparar estas dos categorías de dolor, físico y psíquico, precisa: "La investidura del objeto como objeto perdido [es decir de la *representación* del objeto como objeto perdido] es tan intensa como la del dolor corporal [investidura de la *representación* del lugar lesionado del cuerpo]". Esto es lo que me interesa transmitirles: *el dolor no se debe al desprendimiento sino a la sobreinvestidura*. La representación de objeto está tan sobreinvestida en el dolor del duelo como la representación del lugar lesionado del cuerpo en el dolor corporal. En una palabra, el dolor responde a una alta concentración de libido en la representación psíquica de un objeto que, en la realidad, ha sido perdido o herido. Se ve a las claras que la sobreinvestidura afectiva de una representación significa un mayor apego interno al objeto que ya no existe en el exterior.

Conclusión: el dolor del duelo no es dolor de separación, sino dolor de lazo. Este es el nuevo concepto que quería aportar: *pensar que lo que duele no es separarse sino aferrarse más intensamente que nunca al objeto perdido*. Así, en las tres etapas que habíamos caracterizado hace unos momentos, parecería que el dolor se engendra no en la operación de desprendimiento sino en la de recentramiento y en la sobreinvestidura del vínculo psíquico con el objeto. Si, con esta tesis en la mente, escuchan ustedes a un analizante que les habla del dolor que lo oprime desde la pérdida de un ser querido, ustedes se sentirán sorprendidos. Sorprendidos de sentir que su dolor no se debe tanto al hecho de no estar cerca del ser amado, sino más bien al hecho de tenerlo demasiado presente, más presente que nunca. El dolor, por lo tanto, no es dolor de pérdida sino de estrechamiento de los lazos con la representación del otro ausente. Pero observemos, sin embargo, que Freud, algunas páginas más adelante, concluye que la causa del dolor reside tanto en el desprendimiento como en la sobreinvestidura: "tratándose del duelo, habría que pensar que el dolor [no dice "el dolor", sino "reacciones dolorosas"] se explica porque la intensidad del desprendimiento es tan fuerte como la intensidad de la investidura". Puede notarse que Freud permanece en una posición ambigua, una solución de compromiso, sin llegar a revelar la verdadera dimensión económica del dolor.

*

Si aún les queda un poco de paciencia, querría abordar una última cuestión y dejarles luego la palabra para el debate. En su comentario sobre *Hamlet*, Lacan formula una hipótesis fecunda relativa al fenómeno del duelo. Hamlet no ha podido hacer el duelo de su padre asesinado, pues la mayor parte de los ritos funerarios no han sido respetados. Su madre, en particular, no ha observado el tiempo necesario entre la muerte de su esposo y su nueva boda. Este duelo hecho a la ligera que vuelve tan loco a Hamlet recibe, de parte de Lacan, la denominación de "duelo no satisfecho". Con otra expresión tomada de Freud, lo calificará también de "agujero en lo real". Digo a partir de una expresión de Freud ya que es una fórmula extraída del "Manuscrito G", que se ocupa del dolor melancólico como un fenómeno de hemorragia interna.[47] Habría una suerte de brusca descompresión de las excitaciones que fluirían a través de un agujero en el psiquismo. En "Duelo y melancolía", retoma la misma imagen del agujero aspirante: "El complejo melancólico se comporta como una herida abierta que atrae de todas partes hacia él energías de investidura y vacía al yo hasta empobrecerlo completamente". Por lo tanto, es una especie de succión de la energía interna.

Pero veamos la frase completa de Lacan, que me gustaría comentar: "El duelo, en tanto agujero en lo real, es el envés de la forclusión psicótica". Mientras que el duelo sería un agujero en lo real que operaría como el núcleo central de un torbellino de energía, como un precipicio en cuyos bordes gravitaría, en un movimiento centrípeto, el sistema simbólico, la forclusión, en cambio, operaría el rechazo de un significante en un movimiento centrífugo que lo eyectaría del sistema para caer en lo real. Dicho de otro modo, el agujero aspirante en lo real del duelo patológico es el envés de la forclusión rechazante. Observen ustedes sin embargo que esta oposición no es legítima sino a condición de identificar la forclusión con el movimiento de rechazo. Ahora bien, no estoy tan seguro de que sea forzosamente necesario concebir la operación forclusiva como una operación de exclusión. Pero es otra cuestión que he tratado en otro lugar.

*

☐ *¿Qué relación establece usted entre la forclusión y su tesis del dolor como objeto de pulsión transitorio?*

Si se puede sufrir el dolor, es porque no hay forclusión y porque el sistema de significantes permanece coherente y activo.

☐ *¿Puede decirse que el dolor del duelo es tan consciente como inconsciente?*

Resulta problemático afirmar que el dolor del duelo no es solamente el que sentimos cuando nuestro amado desaparece, pero que es también un sufrimiento del que no se tiene conciencia. La expresión "dolor inconsciente" permite suponer inmediatamente una contradicción en los términos. Es la misma dificultad que Freud encontró al estudiar el "sentimiento inconsciente de culpabilidad". No vacila en confiarnos cuán difícil le resulta modificar su fórmula, aunque sabe que las palabras "sentimiento" e "inconsciente" son contradictorias. Sin aportar una solución al problema, existe un concepto que puede sernos útil, el de "percepción endopsíquica". Tanto el sentimiento inconsciente como el dolor inconsciente resultarían de la percepción endopsíquica de los movimientos pulsionales.

☐ *¿El trabajo del duelo tiene un final?*

El duelo concebido como un trabajo nos da la libertad de pensar que no perdemos a alguien cuando muere, sino que lo perdemos solamente después de un prolongado período de elaboración. Es exactamente la misma dinámica que la de la finalización del análisis. La última sesión jamás es un final de análisis, y uno no hace inmediatamente el duelo de la relación analítica después de haberla terminado. Hay todo un trabajo de duelo que podríamos bautizar como "el sepultamiento del análisis", o incluso "el sepultamiento del complejo analítico". Este sepultamiento implica un proceso laborioso de represiones, de diversos retornos de lo reprimido, de los síntomas y de las fluctuaciones en la vida del sujeto, incluyendo los pasajes al acto y los acting out. Pero persiste la pregunta: ¿cuándo termina ese trabajo? ¿Termina alguna vez? Para la mujer, según Freud, no termina jamás. El sepultamiento del complejo de Edipo femenino duraría toda la vida. ¿Por qué? Porque una mujer siempre es un devenir mujer. Para el hombre es distinto. El varón detiene precisamente su identidad masculina con la amenaza de castración: es el momento en que desaparece su complejo de Edipo. Por supuesto, está el período de latencia que no hay que olvidar, pero el complejo de Edipo culmina con la angustia de castración, luego declina, para ser finalmente sepultado. Ahora bien, la mujer no sale jamás del Edipo, dado que es lo que le da la posibilidad de devenir mujer. Pero el duelo, acaso, es también interminable como el Edipo femenino...

☐ *¿Qué diferencia se puede establecer entre duelo normal y duelo patológico?*

La diferencia sería la siguiente: en el duelo normal, el retiro de la libido se desplaza progresivamente a otro objeto. La libido abandona paulatinamente la representación del objeto perdido para investir la representación de un nuevo objeto elegido. Mientras que en el duelo patológico, una vez desprendida del objeto perdido, la libido se disemina en el conjunto del yo y se cristaliza bajo la forma de una identificación coagulada con la imagen del objeto perdido.

*
* *

*Extractos
de las obras
de Freud
y de Lacan
sobre el dolor psíquico,
precedidos por nuestros
comentarios*

Freud y Lacan rara vez han abordado el tema del dolor y jamás le han dedicado una atención exclusiva. Las citas que siguen proceden de pasajes muy breves diseminados en el conjunto de las obras de estos autores.

Las líneas en negrita que presentan las citas de Freud y de Lacan corresponden a J.-D. Nasio.

¿QUE ES EL DOLOR PSIQUICO?

Para Freud, el dolor resulta de una súbita hemorragia interna de la energía psíquica.

"Uno puede representarse que si el ps. G. pierde muy intensamente magnitud de excitación, se forma por así decir un *recogimiento dentro de lo psíquico*, que tiene un efecto de succión sobre las magnitudes contiguas de excitación. Las neuronas asociadas tienen que librar su excitación, lo cual produce *dolor*. La soltura de asociaciones es siempre doliente. Mediante una *hemorragia interna*, digámoslo así, nace un empobrecimiento de excitación, de acopio disponible, que se manifiesta en las otras pulsiones y operaciones. Como inhibición, este recogimiento tiene el mismo efecto de una herida (véase la teoría del dolor psíquico), análogamente al *dolor*. En la neurastenia, se genera un empobrecimiento totalmente similar por el hecho de que la excitación se escapa [como bombeada] por un agujero... que se encuentra en el psiquismo."[1]

"¿Y cómo se pueden explicar ahora los efectos de la melancolía? La mejor descripción: Inhibición psíquica con empobrecimiento pulsional, y *dolor* por ello."[2]

"El complejo melancólico se comporta como una herida abierta, atrae hacia sí desde todas partes energías de investidura (que en la neurosis de transferencia hemos llamado 'contrainvestidura') y vacía al yo hasta el empobrecimiento total."[3]

*

NUNCA ESTAMOS TAN MAL PROTEGIDOS CONTRA EL DOLOR COMO CUANDO ESTAMOS ENAMORADOS

"Nunca estamos menos protegidos contra las cuitas [dolores] como cuando amamos; nunca más desdichados y desvalidos que cuando hemos perdido al objeto amado o a su amor."[4]

Perder el amor del amado es perder también lo que era el centro organizador de mi psiquismo.

"Si pierde el amor del otro, de quien depende, queda también desprotegido frente a diversas clases de peligros."[5]

*

EL DUELO Y EL DOLOR DEL DUELO

Sólo estamos de duelo por la persona que ha compartido nuestros fantasmas. Hemos sido la fuente de su insatisfacción y ella, a su vez, ha sido la fuente de nuestra propia insatisfacción.

"Si el objeto no tiene para el yo una importancia tan grande, una importancia reforzada por millares de lazos, tampoco es apto para causarle un duelo o una melancolía."[6]

"El objeto por el que estamos de duelo era, sin saberlo nosotros, el que se había vuelto, y del que nosotros mismos habíamos hecho, el soporte de nuestra castración."[7] *Lacan*

"Estamos de duelo por alguien de quien podemos decir: 'Yo era su falta'. Estamos de duelo por personas que hemos tratado mal o bien y respecto de las cuales no sabíamos que cumplíamos esa función de estar en el lugar de su falta."[8] *Lacan*

¿Qué es el duelo? El duelo es un retiro de la investidura afectiva de la representación psíquica del objeto amado y perdido. El duelo es un proceso de desamor. Es un trabajo lento, detallado y doloroso. Puede durar días, semanas e incluso meses. E incluso toda una vida...

"Pero la orden que ésta imparte no puede cumplirse enseguida. Se ejecuta pieza por pieza con un gran gasto de tiempo y de energía de investidura, y entretanto la existencia del objeto perdido continúa en lo psíquico."[9]

"Cada uno de los recuerdos y cada una de las expectativas en que la libido se anudaba al objeto son clausurados, sobreinvestidos y en ellos se consuma el desasimiento de la libido."[10]

El dolor del duelo es un fenómeno incomprensible. El duelo es un movimiento de alejamiento forzado y doloroso de lo que tanto hemos amado y que ya no está. Estamos obligados a separarnos, adentro de nosotros, del ser amado que hemos perdido en el exterior.

"El duelo por la pérdida de algo que hemos amado o admirado parece al lego tan natural que lo considera obvio. Para el psicólogo, empero, el duelo es un gran enigma [...]

Nos representamos así la situación: poseemos un cierto grado de capacidad de amor, llamado libido, que en los comienzos del desarrollo se había dirigido sobre el yo propio. Más tarde, pero en verdad desde muy temprano, se extraña del yo y se vuelve a los objetos, que de tal suerte incorporamos, por así decir, a nuestro yo. Si los objetos son destruidos o si los perdemos, nuestra capacidad de amor (libido) queda de nuevo libre. [...] Ahora bien, ¿por qué este desasimiento de la libido de sus objetos habría de ser un proceso tan *doloroso*? No lo comprendemos, ni por el momento podemos deducirlo de ningún supuesto. Sólo vemos que la libido se aferra a sus objetos y no quiere abandonar los perdidos, aunque el sustituto ya esté aguardando. Eso, entonces, es el duelo."[11]

El duelo es una lucha permanente entre un amor que no cede por el amado perdido, y una fuerza que nos aleja de él.

"No es posible lograr llevar a cabo un duelo, acaso porque es verdaderamente un amor inconsciente."[12]

En el transcurso del duelo, el yo se identifica con la imagen del amado perdido: la sombra del objeto cae sobre el yo. La identificación es una forma de amor.

"Cuando uno ha perdido un objeto de amor, la reacción inmediata es identificarse con él, sustituirlo mediante una identificación desde adentro, por así decir."[13]

*

EL DOLOR PSIQUICO SE EXPLICA POR LA SOBREINVESTIDURA DE LA REPRESENTACION MENTAL DEL AMADO PERDIDO

"El paso del *dolor corporal* al *dolor anímico* corresponde a la mudanza de investidura narcisista [investidura de la representación de la parte lesionada del cuerpo] en investidura de objeto [investidura del amado perdido]."[14]

*

EN EL DUELO, EL DOLOR SE MEZCLA CON EL AMOR Y EL ODIO

En el duelo, estamos habitados no sólo por el dolor, sino a veces por el odio contra el muerto y también por la culpabilidad resultante de sentirnos llenos de odio.

"Cuando una mujer pierde a su marido por fallecimiento, o una hija a su madre, no es raro que el supérstite se vea aquejado por unos penosos escrúpulos que llamamos 'reproches obsesivos': dudan sobre si ellos mismos no son culpables, por imprevisión o negligencia, de la muerte de la persona amada. [...] No es que el doliente fuera de hecho culpable o incurriera en el descuido que el reproche obsesivo asevera; empero, dentro de él estaba presente algo, un deseo [homicida] inconsciente para él mismo, al que no le descontentaba la muerte y la habría producido de haber estado en su poder el hacerlo."[15]

"Sólo los neuróticos siguen enturbiando el duelo [dolor] por la pérdida de uno de sus deudos con ataques de reproches obsesivos, cuyo secreto es, según revela el psicoanálisis, la vieja actitud ambivalente [amor-odio] de los sentimientos."[16]

Al igual que en la melancolía, el duelo es un combate librado en la arena del inconsciente, entre un amor empedernido por la imagen del amado desaparecido y el odio que permite deshacerse de él. A diferencia de la melancolía, en el duelo el combate también puede ser vivido conscientemente.

"En la melancolía se urde una multitud de batallas parciales por el objeto; en ellas se enfrentan el odio y el amor, el primero pugna por desatar la libido del objeto, y el otro por salvar del asalto esa posición libidinal. A estas batallas parciales no podemos situarlas en otro sistema que el Inconsciente. [...] Ahí mismo [en el reino del inconsciente] se efectúan los intentos de desatadura en el duelo, pero en este caso nada impide que tales procesos prosigan por el camino normal que atraviesa el Preconsciente hasta llegar a la conciencia."[17]

La psicología ha nacido del deseo de comprender cómo es posible que después de la muerte de un ser querido sintamos no sólo pena, sino también odio.

"No fue el enigma intelectual ni cualquier caso de muerte, sino el conflicto afectivo a raíz de la muerte de personas amadas, pero al mismo tiempo también ajenas y odiadas, lo que puso en marcha la investigación de los seres humanos. De este conflicto de sentimientos nació ante todo la psicología."[18]

*

LA PULSION DE MUERTE ESTA EN FUNCIONAMIENTO EN EL DUELO

Creemos que la fuerza que, en el duelo, nos impulsa a separarnos del difunto, es una de las expresiones de la pulsión de muerte, tal como la concebimos. En efecto, postulamos que la pulsión de muerte es esa fuerza interior que tiende a desembarazarnos de todos los obstáculos para el movimiento de la vida. La pulsión de muerte conserva la vida. Por ende, el duelo es un lento proceso de separación vital del difunto y de regeneración del conjunto del yo.

"El duelo se genera bajo el influjo del examen de realidad, que exige categóricamente separarse del objeto porque él ya no existe más. Debe entonces realizar el trabajo [doloroso de duelo] de llevar a cabo ese retiro del objeto."[19]

"Así como el duelo mueve al yo a renunciar al objeto [desaparecido] declarándolo muerto y ofreciéndole como premio el permanecer con vida, de igual modo cada batalla parcial de ambivalencia afloja la fijación de la libido al objeto desvalorizando éste, rebajándolo; por así decir, también victimizándolo."[20]

"Pero en realidad esta representación se apoya en incontables representaciones singulares (sus huellas inconscientes), y la ejecución de ese quite de libido no puede ser un proceso instantáneo, sino, sin duda, *como en el caso del duelo*, un proceso lento que avanza poco a poco."[21]

*

EL ULTIMO DOLOR SERIA GOZAR SIN LIMITES

El dolor no es estar insatisfecho, sino, por el contrario, estar entregado a una satisfacción desmesurada. La insatisfacción de las pulsiones refrenadas por la repesión es, en realidad, menos penosa que la satisfacción absoluta que habrían obtenido estas pulsiones si no hubieran sido detenidas por la censura. Sin la censura de la represión, cono-

ceríamos el último dolor de un goce ilimitado. Así, la represión nos protege contra el hipotético dolor del estallido del ser. Esta interpretación del texto de Freud podría expresarse en términos lacanianos: el dolor es el objeto del goce del Otro.

"[La represión asegura que] se alcanza cierta protección del sufrimiento por el hecho de que la insatisfacción de las pulsiones sometidas no se sentirá tan *dolorosa* como la de las no inhibidas."[22]

*

EL BEBE, LA ANGUSTIA Y EL DOLOR

Freud afirma que el bebé experimenta angustia y siente dolor. En ciertas circunstancias, el lactante vive los dos afectos confundidos porque no sabe aún distinguir la ausencia temporaria de la madre de su desaparición definitiva. Confunde el hecho de perder de vista a su madre y perderla realmente. En ese momento, es presa de un sentimiento híbrido de angustia y dolor. Sólo más tarde, hacia los dos años, cuando sepa distinguir una pérdida provisoria de una pérdida definitiva, podrá diferenciar la angustia del dolor.

"La angustia del lactante no ofrece por cierto duda alguna, pero la expresión del rostro y la reacción de llanto hacen suponer que, además, siente *dolor*. Parece que en él marchara conjugado algo que luego se dividirá. Aún no puede diferenciar la ausencia temporaria de la pérdida duradera; cuando no ha visto a la madre una vez, se comporta como si nunca más hubiera de verla, y hacen falta repetidas experiencias consoladoras hasta que aprenda que a una desaparición de la madre suele seguirle su reaparición."[23]

Una situación de peligro es diferente de una situación traumática. Mientras que el peligro despierta angustia, el trauma suscita dolor.

"La situación en que [el niño] echa de menos a la madre es para él, a consecuencia de su malentendido, no una situación de peligro, sino traumática o, mejor dicho, es una situación traumática cuando registra en ese momento una necesidad que la madre debe satisfacer."[24]

*

LA ANGUSTIA DE LA MUJER: PERDER EL AMOR DE SU AMADO

En el fantasma de la mujer, el objeto más precioso, el falo, es el amor proveniente del amado, y no el amado mismo. Por consiguiente, la angustia específicamente femenina es el temor de perder el amor y de verse abandonada.

"Y precisamente, en el caso de la mujer, parece que la situación de peligro de la pérdida del objeto siguiera siendo la más eficaz. Respecto de la condición de angustia válida para ella, tenemos derecho a introducir esta pequeña modificación: más que de la ausencia o de la pérdida real del objeto [amado], se trata de la *pérdida de amor de parte del objeto*."[25]

*

LOS CELOS SON UNA VARIANTE DEL DOLOR PSIQUICO

Los celos son la reacción a una supuesta pérdida del amor que mi amado desvía de mí en provecho de un rival. Los celos son un complejo afectivo que conjuga: el dolor de haber perdido el amor del amado, el de haber perdido la integridad de mi imagen narcisista, el odio contra el rival preferido, y, por último, el autorreproche contra el yo que no ha sabido defender su lugar en el lazo amoroso.

"Se echa de ver fácilmente que en lo esencial [los celos] están compuestos por el duelo, el *dolor* por el objeto de amor que se cree perdido, y por la afrenta narcisista [...] y además, por sentimientos de hostilidad hacia los rivales que han sido preferidos, y por un monto mayor o menor de autocrítica, que quiere hacer responsable al yo propio por la pérdida del amor."[26]

*

GOZAR DEL DOLOR

"...pues tenemos todas las razones para suponer que también las sensaciones de *dolor*, como otras sensaciones de displacer, desbordan sobre la excitación sexual y producen un estado placentero en aras del cual puede consentirse aun el displacer del *dolor*. Y una vez que el sentir *dolores* se ha convertido en una meta masoquista, puede surgir retrogresivamente la meta sádica de infligir *dolores*; produciéndolos en otro, uno mismo los goza de manera masoquista en la identificación con el objeto que sufre. Desde luego, en ambos casos no se goza el *dolor* mismo, sino la excitación sexual que lo acompaña, y como sádico esto es particularmente cómodo. El gozar del *dolor* sería, por tanto, una meta originariamente masoquista, pero que sólo puede devenir meta pulsional en quien es originariamente sádico."[27]

La piel es la zona erógena de donde emana el dolor perverso.

"En el placer de ver y de exhibirse, el ojo corresponde a una zona erógena; en el caso del *dolor* y la crueldad en cuanto componentes de la pulsión sexual, es la piel la que adopta idéntico papel."[28]

"El Profesor Freud observa [...] que no se puede suscribir a la idea de que la sustancia orgánica del sadomasoquismo deba ser necesariamente la superficie de la piel."[29]

"Desde las *Confesiones* de Jean-Jacques Rousseau, la estimulación *dolorosa* de la piel de las nalgas ha sido reconocida por todos los pedagogos como una raíz erógena de la pulsión pasiva a la crueldad [masoquismo]."[30]

*

EL DOLOR Y EL GRITO

El grito expresa ante todo un dolor presente, pero retorna a los oídos del emisor para despertar el recuerdo de los antiguos dolores; y para conferir al objeto que nos hace sufrir su carácter hostil.

"Otras percepciones del objeto, además —por ejemplo, si [la madre] grita— despertarán el recuerdo del gritar propio, y, con ello, de vivencias propias de dolor."[31]

"En primer lugar, se encuentran objetos (percepciones) que lo hacen *gritar* a uno porque excitan *dolor*,* y cobra enorme sustantividad que esta asociación de un sonido (que también incita imágenes de movimiento propio) con una [imagen] percepción, por lo demás compuesta, ponga de relieve este objeto como hostil y sirva para guiar la atención sobre la [imagen] percepción. Nuestros propios gritos confieren su carácter [hostil] al objeto."[32]

*

DOLOR DE EXISTIR

Lacan identifica aquí el dolor con la insatisfacción del deseo, y lo nombra "dolor de existir". Para Lacan, el dolor no sería la reacción inmediata a una pérdida súbita, como lo sostenemos en este libro, sino un estado indefinido tan largo como dura la vida misma. Ambos puntos de vista: el dolor considerado como una reacción y el dolor considerado como un estado, no son incompatibles sino perfectamente complementarios.

"Es esta excentricidad del deseo en relación con toda satisfacción lo que nos permite comprender [...] su profunda afinidad con el *dolor*. Es decir que, en última instancia, aquello a lo cual se confina pura y simplemente el deseo [...] es este *dolor de existir*."[33]

* En el original francés: *sufrimiento*. [T.]

El dolor de existir es el dolor de estar sometido a la determinación del significante, de la repetición, incluso del destino.

"Una suerte de sentimiento puro de existir, de existir si puede decirse de una manera indefinida y en el seno de esta existencia de la que siempre brota para ella una nueva existencia. [...] Puesto que la existencia es aprehendida y sentida como algo que, por su naturaleza, no puede apagarse sino a condición de resurgir siempre más lejos, y ello acompañado precisamente por un *dolor* intolerable."[34]

Nada más intolerable que la existencia reducida a sí misma, a una concatenación, a un encadenamiento de acontecimientos que se suceden, me dominan y me extrañan. Es allí donde flaquea mi deseo de vivir.

"La experiencia de este *dolor* de la existencia cuando ya no hay nada que lo habite sino esta existencia misma, y cuando todo en el exceso del sufrimiento tiende a abolir este término inextirpable que es el deseo de vivir. [...] En el último término de la existencia no hay nada sino *dolor de existir*."[35]

El displacer es deseo, pero no dolor.

"A partir de este modo de concebir, de pensar el placer como necesariamente atravesado de displacer, nos quedará distinguir lo que hace en esta línea de atravesamiento, lo que separa el puro y simple displacer, es decir el deseo, de lo que se denomina el *dolor* [...] Es en la medida en que esta superficie [la banda de Moebius] es capaz de atravesarse a sí misma, en la prolongación de esta intersección necesaria, donde habremos de situar este caso de investidura narcisista, la función del *dolor* [...] de otro modo, lógicamente, hablando con propiedad, en el texto de Freud, aunque admirablemente elucidado, impensable."[36]

*

DOLOR Y MASOQUISMO

El masoquismo es el goce de ser reducido al objeto del goce del Otro.

"... el colmo del goce masoquista no radica tanto en el hecho de que se ofrece a soportar o no tal o cual *dolor* corporal, sino en ese extremo singular [...] de la fantasmagoría masoquista, esa anulación, hablando con propiedad, del sujeto en la medida en que se hace puro objeto."[37]

"El masoquismo, en efecto, se define precisamente por lo que hace que el sujeto asuma una posición en el sentido enfático que le otorgamos a esta palabra, el de un desecho o del resto del advenimiento subjetivo."[38]

"No hay satisfacción sádica que, de alguna u otra manera, no esté acompañada, para merecer, hablando con propiedad, el calificativo de sádica, de cierta satisfacción masoquista."[39]

*
* *

Referencias de los pasajes citados

1. Freud, S., "Manuscrito G", en *op. cit.*, t. I, pp. 245-246.
2. *Ibid.*, p. 244.
3. Freud, S., "Duelo y melancolía", en *op. cit.*, t. XIV, p. 250.
4. Freud, S., "El malestar en la cultura", en *op. cit.*, t. XXI, p. 82.
5. *Ibid.*, p. 120.
6. Freud, S., "Duelo y melancolía", en *op. cit.*, t. XIV, p. 253.
7. Lacan, J., *L'Angoisse* (seminario inédito), lección del 16 de enero de 1963.
8. *Ibid.*, lección del 30 de enero de 1963.
9. Freud, S., "Duelo y melancolía", en *op. cit.*, t. XIV, pp. 242-243.
10. *Ibid.*, p. 243.
11. *Ibid.*, pp. 310-311.
12. *Les premiers psychanalystes*, Gallimard, 1983, t. IV, p. 139 (© Gallimard).
13. Freud, S., "Esquema del psicoanálisis", en *op. cit.*, t. XXIII, p. 193.
14. Freud, S., "Inhibición, síntoma y angustia", t. XX, p. 160.
15. Freud, S., "Tótem y tabú", en *op. cit.*, t. XIII, pp. 65-66.
16. *Ibid.*, p. 71.
17. Freud, S., "Duelo y melancolía", en *op. cit.*, t. XIV , pp. 253-254.
18. Freud, S., "De guerra y muerte. Temas de actualidad", en *op. cit.*, t. XIV, p. 295.
19. Freud, S., "Inhibición, síntoma y angustia", en *op. cit.*, t. XX, p. 160.
20. Freud, S., "Duelo y melancolía", en *op. cit.*, t. XIV, p. 254.
21. *Ibid.*, p. 253.
22. Freud, S., "El malestar en la cultura", en *op. cit.*, t. XXI, p. 79.

23. Freud, S., "Inhibición, síntoma y angustia", en *op. cit.*, t. XX, p. 158.
24. *Ibid.*., pp. 158-159.
25. Freud, S., "Inhibición, síntoma y angustia", en *op. cit.*, t. XX, p. 135.
26. Freud, S., "Sobre algunos mecanismos neuróticos en los celos, la paranoia y la homosexualidad", en *op. cit.*, t. XVIII, p. 217.
27. Freud, S., "Pulsiones y destinos de pulsión", en *op. cit.*, t. XIV, p. 124.
28. Freud, S., "Tres ensayos de teoría sexual", en *op. cit.*, t. VII, p. 154.
29. *Les Premiers Psychanalystes*, *op. cit.*, p. 139, 6 de noviembre de 1912.
30. Freud, S., "Tres ensayos de teoría sexual", en *op. cit.*, t. VII, p. 176.
31. Freud, S., "Proyecto de psicología", en *op. cit.*, t. I, p. 377.
32. *Ibid.*, pp. 414-415.
33. Lacan, J., *Les formations de l'inconscient* (seminario inédito), lección del 9 de abril de 1958.
34. Lacan, J., *Le Désir et son interprétation* (seminario inédito), lección del 10 de diciembre de 1959.
35. *Ibid.*
36. Lacan, J., *Problèmes cruciaux de la psychanalyse* (seminario inédito), lección del 10 de marzo de 1955.
37. Lacan, J., *L'Identification* (seminario inédito), lección del 28 de marzo de 1962.
38. Lacan, J., *La Logique du fantasme* (seminario inédito), lección del 10 de marzo de 1967.
39. Lacan, J., *Les Formations de l'inconscient* (seminario inédito), lección del 2 de febrero de 1958.

*
* *

*Extractos
de las obras
de Freud
sobre el dolor corporal,
precedidos por nuestros
comentarios*

*Las líneas en negrita
que presentan las citas de Freud
corresponden a J.-D. Nasio*

EL DOLOR CORPORAL

Freud considera que el dolor físico resulta de la irrupción violenta de grandes cantidades de energía que alcanzan el corazón del yo, donde se sitúan las neuronas del recuerdo, es decir en el nivel del inconsciente. El dolor en el cuerpo se inscribe en el inconsciente.

"Es probable que el displacer específico del dolor *corporal* se deba a que la protección antiestímulo fue perforada en un área circunscrita. Y entonces, desde este lugar de la periferia, afluyen al aparato anímico central excitaciones continuas, como las que por lo regular sólo podrían venirle del interior del aparato."[1]

"El *dolor* consiste en la *irrupción de grandes cantidades de energía* [proveniente del exterior] *hacia el sistema de neuronas impasaderas*."[2]

"El *dolor* pone en movimiento tanto al sistema de neuronas pasaderas como al sistema de neuronas impasaderas; para él no existe ningún impedimento de conducción; es el más imperioso de todos los procesos."[3]

Freud define el dolor corporal como una irrupción masiva de energía en el yo que, a la manera del rayo, suprime todas las resistencias y alcanza el núcleo de las neuronas del recuerdo donde deja su huella.

"El *dolor* deja como secuela en el sistema de neuronas impasaderas unas facilitaciones duraderas, como traspasadas por el rayo..."[4]

El dolor corporal significa una grave perturbación del yo y la parálisis del principio del placer, guardián de nuestro equilibrio psíquico. El dolor expresa un más allá del principio del placer. Conmociona al yo pero no lo destruye.

"Un suceso como el trauma externo provocará, sin ninguna duda, una perturbación enorme en la economía energética del organismo y pondrá en acción todos los medios de defensa. Pero en un primer momento el principio de placer quedará abolido."[5]

*

EL DOLOR ES UNA PSEUDO-PULSION

Las escasas veces en que Freud define el dolor corporal, lo compara con la pulsión. La agresión externa y anormal que provoca el dolor evoca la agresión interna y normal de la pulsión. En ambos casos, la excitación es constante.

"También acerca del *dolor* es muy poco lo que sabemos. He aquí el único contenido seguro: el hecho de que el *dolor* [corporal] —en primer término y por regla general— nace cuando un estímulo que ataca en la periferia perfora los dispositivos de la protección antiestímulo y entonces actúa como un estímulo pulsional continuado."[6]

"Es probable que el displacer específico del *dolor corporal* se deba a que la protección antiestímulo fue perforada en un área circunscrita. Y entonces, desde este lugar de la periferia afluyen al aparato anímico central excitaciones continuas, como las que por lo regular sólo podrían venirle del interior del aparato."[7]

El dolor corporal es aún comparable a la pulsión. Cuando la agresión externa que ha provocado un dolor deja sus huellas en el inconsciente, deviene una constante excitación interna que puede en todo momento hacer renacer el dolor. Aquí, una vez más, pulsión y dolor se parecen por su fuente constantemente excitada.

"Puede ocurrir que un estímulo exterior sea interiorizado, por ejemplo, si ataca o destruye a un órgano; entonces se engendra una nueva fuente de excitación continuada y de incremento de tensión. *Tal estímulo cobra, así, notable semejanza con una pulsión*. Según sabemos, sentimos este caso como *dolor*."[8]

Pero, en verdad, el dolor no es una pulsión. Sus metas son diferentes: el dolor es una señal de alarma para hacer cesar el mal, mientras que la pulsión busca el placer. Las defensas del yo difieren en los dos casos: frente a la pulsión, el yo opone la represión; frente al dolor imperativo, se queda impotente.

"Ahora bien, la meta de esta *seudo-pulsión* [el dolor] es sólo el cese de la alteración de órgano y del displacer que conlleva. [...] El *dolor* es también imperativo; puede ser vencido exclusivamente por la acción de una droga o la influencia de una distracción psíquica."[9]

*

EL PLACER Y EL DISPLACER EXPRESAN EL RITMO PULSIONAL. EL DOLOR, EN CAMBIO, TAL COMO LO HEMOS DEFINIDO, ES UNA RUPTURA DE ESE RITMO

Durante mucho tiempo, Freud consideró el placer y el displacer como las expresiones cualitativas de una disminución o un aumento de la tensión psíquica. En 1924, después de haber comprobado que existen disminuciones de la tensión displacenteras, y aumentos de la tensión, placenteras, cambia de criterio. A partir de ese momento, las sensaciones de placer y de displacer ya no corresponderán a la intensidad de las tensiones, sino al ritmo de las variaciones tensionales. Esta nueva manera de encarar el placer y el displacer —aunque sin desarrollarla— es lo que nos ha incitado a definir el dolor como una ruptura del ritmo pulsional, y a distinguirlo del displacer.

"Entonces, placer y displacer no pueden ser referidos al aumento o la disminución de una cantidad, que llamamos 'tensión de estímulo', si bien es evidente que tienen mucho que ver con este factor. Parecieran no depender de este factor cuantitativo, sino de un carácter de él, que sólo podemos calificar de cualitativo. Estaríamos mucho más adelantados en la psicología si supiésemos indicar este carácter cualitativo. Quizá sea el *ritmo*, el ciclo temporal de las alteraciones, subidas y caídas de la cantidad de estímulo; no lo sabemos."[10]

"No obstante, es probable que lo sentido como placer y displacer no sean las alturas absolutas de esta tensión de estímulo, sino algo en el *ritmo* de su alteración."[11]

*

LA MEMORIA DEL DOLOR

Una cosa es la experiencia pasada de un dolor violento provocado por un incidente real; otra, es su reviviscencia bajo la forma de un afecto doloroso. Mientras que el dolor de lo pasado había sido provocado por un agente externo, el afecto doloroso de hoy es suscitado por una estimulación interna, a menudo imperceptible.

"En la *vivencia de dolor* [la fuente] es evidentemente la cantidad de energía proveniente del exterior, en el caso de los afectos [dolorosos], es la cantidad de energía endógena desprendida por facilitación..."[12]

El antiguo dolor traumático ha vuelto tan sensibles las neuronas del recuerdo que el menor estímulo interno las reactiva y un nuevo dolor aparece. Este nuevo dolor es denominado por Freud "afecto"; y el fenómeno de sensibilización de las neuronas, "facilitación".

"Que el dolor vaya por todos los caminos de descarga es fácilmente comprensible. Según nuestra teoría (a saber, que la cantidad crea facilitación), el *dolor* deja como secuela en el sistema de neuronas impasaderas unas facilitaciones duraderas, como traspasadas por el rayo."[13]

A semejanza de todo afecto, un dolor vivido es el recuerdo de un dolor antiguo.

"El afecto no es sino la reminiscencia de una experiencia."[14]

"Opinamos que también los otros afectos son reproducciones de sucesos antiguos, de importancia vital, preindividuales llegado el caso."[15]

"Los estados afectivos están incorporados en la vida anímica como unas sedimentaciones de antiquísimas vivencias traumáticas y, en situaciones parecidas, despiertan como unos símbolos mnémicos."[16]

*

TODO DOLOR ES EL RECUERDO DE UN DOLOR ANTIGUO Y TODA PERDIDA, LA REPRODUCCIÓN DE UNA PRIMERA PERDIDA YA OLVIDADA

La capacidad de representarse una lesión corporal y de vivir el dolor ha sido adquirida en el transcurso de diferentes pérdidas en la infancia: el nacimiento, la defecación o el destete. Estas pruebas le han enseñado al niño que las cosas esenciales pueden faltarle. Cuando el varón llega a representarse la pérdida del pene, aparece la angustia de la pérdida, angustia que conocemos bajo el nombre de "angustia de castración".

"Con acierto se ha señalado que el niño adquiere la representación de un daño narcisista por pérdida corporal ya a raíz de la pérdida del pecho materno luego de mamar, de la cotidiana deposición de las heces, y aun de la separación del vientre de la madre al nacer. Empero, no sólo cabe hablar de un complejo de castración cuando esa representación de una pérdida se ha enlazado con los genitales masculinos."[17]

"La observación que por fin quiebra la incredulidad del niño es la de los genitales femeninos. Alguna vez el varoncito, orgulloso de su posesión del pene, llega a ver la región genital de una niñita, y no puede menos que convencerse de la falta de un pene en un ser tan semejante a él. Pero con ello se ha vuelto representable la pérdida del propio pene, y la amenaza de castración obtiene su efecto con posterioridad."[18]

*

EL DOLOR INCONSCIENTE

Freud define el dolor inconsciente como un eslabón intermedio entre una percepción externa y otra, interna. La huella que ha dejado un dolor pasado en el inconsciente puede volverse una excitación interna capaz de desencadenar otro dolor. El antiguo dolor ha sido provocado por una percepción externa, mientras que el nuevo dolor es despertado por una percepción interna.

"Así como las tensiones provocadas por la urgencia de la necesidad, también puede permanecer *inconsciente* el *dolor*, esa cosa intermedia entre una percepción externa y una interna, que se comporta como una percepción interior aun cuando provenga del mundo exterior."[19]

*

EL DOLOR CORPORAL SE EXPLICA POR LA SOBREINVESTIDURA DE LA REPRESENTACION MENTAL DE LA PARTE HERIDA DEL CUERPO

["El *dolor corporal*] halla su explicación en el hecho de la concentración de la investidura en la agencia representante psíquica del lugar doliente del cuerpo. Pues bien; en ese punto parece residir la analogía que ha permitido aquella transferencia de la sensación dolorosa al ámbito anímico."[20]

*

EL DOLOR CORPORAL ES UN EXCESO DE AMOR PARA EL ORGANO LESIONADO EN DETRIMENTO DE LOS OTROS OBJETOS DE AMOR

He aquí cómo el yo reacciona frente al trauma consecutivo a una efracción de los tejidos protectores. Reúne todas sus fuerzas disponibles y, al precio de debilitarse, las concentra (contrainvestiduras) en un solo punto, el de la herida; más exactamente, en el punto de la representación psíquica de la herida.

"¿Y qué clase de reacción de la vida anímica [del yo] esperaríamos frente a esa intrusión? De todas partes es movilizada la energía de investidura a fin de crear, en el entorno del punto de intrusión, una investidura energética de nivel correspondiente. Se produce una enorme 'contrainvestidura' en favor de la cual se empobrecen todos los otros sistemas psíquicos, de suerte que el resultado es una extensa parálisis o rebajamiento de cualquier otra operación psíquica."[21]

El dolor es un afecto que resulta de la sobreinvestidura de la representación del órgano lesionado, y, simultáneamente, de la desinvestidura del mundo exterior.

"A raíz del *dolor corporal* se genera una investidura elevada que ha de llamarse narcisista, del lugar *doliente* del cuerpo; esa investidura aumenta cada vez más y ejerce sobre el yo un efecto de vaciamiento, por así decir."[22]

"Es sabido —y nos parece un hecho trivial— que la persona afligida por un *dolor orgánico* y por sensaciones penosas resigna su interés por todas las cosas del mundo exterior que no se relacionen con su sufrimiento. Una observación más precisa nos enseña que, mientras sufre, también retira de sus objetos de amor el interés libidinal, cesa de amar."[23]

*

EL DOLOR FORMA NUESTRO YO Y NOS ENSEÑA A DESCUBRIR NUESTRO CUERPO

Cuando sentimos dolor, nos representamos el cuerpo y, al hacerlo, constituimos nuestro yo. Pues el yo nace de todas las percepciones sensoriales y de las representaciones que se forman en el psiquismo.

"El cuerpo propio y sobre todo su superficie [la piel] es un sitio del que pueden partir simultáneamente percepciones internas y externas. [...] También el *dolor* parece desempeñar un papel en esto, y el modo en que a raíz de enfermedades dolorosas uno adquiere nueva noticia de sus órganos es quizás arquetípico del modo en que uno llega en general a la representación de su cuerpo propio."[24]

*

El yo es doblemente una superficie: la imagen mental de la superficie del cuerpo y la superficie perceptiva del aparato psíquico.

"O sea que el yo deriva en última instancia de sensaciones corporales [también el dolor], principalmente de las que parten de la superficie del cuerpo. Cabe considerarlo, entonces, como la proyección psíquica de la superficie del cuerpo, además de representar, como se ha visto antes, la superficie del aparato psíquico."[25]

"El yo es sobre todo una esencia-cuerpo; no es sólo una esencia-superficie [psíquica], sino, él mismo, la proyección de una superficie [la superficie del cuerpo, o sea la piel]."[26]

*

EL DOLOR PSICOGENO

El dolor psicógeno es aquí la expresión somática de una pulsión frenada por la represión; en el lugar de una pulsión reprimida, aparece un dolor corporal sin causa orgánica que lo justifique. Si la represión no hubiera detenido el impulso de la pulsión, ésta estaría plenamente expresada bajo la forma de un dolor moral.

"Es justo exigir a la teoría y preguntar: ¿Qué se muda aquí en *dolor corporal*? La cauta respuesta rezará: algo desde lo cual habría podido y debido devenir *dolor anímico*.*"[27]

"...el mecanismo [productor de un dolor histérico] era el de la conversión, vale decir, en lugar de los dolores *anímicos* que ella se había ahorrado emergieron los *corporales*..."[28]

El dolor corporal puede ser un síntoma, es decir la satisfacción sustitutiva de una pulsión reprimida.

"Tomemos como ejemplo el dolor de cabeza o los *dolores lumbares histéricos*. El análisis nos muestra que, por la condensación y el desplazamiento, estos dolores se han vuelto una satisfacción sustitutiva para toda una serie de fantasías o de recuerdos libidinales."[29]

*

* En el original francés, dolor moral. [T.]

DOLOR Y GOCE

Para Lacan, el dolor corporal es la figura más pura del goce.

"... pues lo que denomino goce, en el sentido en que el cuerpo se pone a prueba, siempre es del orden de la tensión, del forzamiento, de la defensa, incluso de la hazaña. Indiscutiblemente hay goce en el nivel donde comienza a aparecer el *dolor*, y sabemos que sólo en ese nivel del *dolor* puede experimentarse toda una dimensión del organismo que, de otro modo, queda velada."[30] *Lacan*

*

Referencias de los pasajes citados

1. Freud, S., "Más allá del principio de placer", en *op. cit.*, t. XVIII, p. 29.
2. Freud, S., "Proyecto de psicología", en *op. cit.*, t. I, p. 351.
3. *Ibid.*, p. 351.
4. *Ibid.*, p. 352.
5. Freud, S., "Más allá del principio de placer", en *op. cit.*, t. XVIII, p. 29.
6. Freud, S., "Inhibición, síntoma y angustia", en *op. cit.*, t. XX, p. 159.
7. Freud, S., "Más allá del principio de placer", en *op. cit.*, t. XVIII, p. 29.
8. Freud, S., "La represión", en *op. cit.*, t. XIV, p. 141.
9. *Ibid.*, p. 141.
10. Freud, S., "El problema económico del masoquismo", en *op. cit.*, t. XIX, p. 166.
11. Freud, S., "Esquema del psicoanálisis", en *op. cit.*, t. XXIII, p. 144.
12. Freud, S., "Proyecto de psicología", en *op. cit.*, t. I, p. 381.
13. Freud, S., "Proyecto de psicología", en *op. cit.*, t. I, pp. 351-352.
14. *Les premiers psychanalystes*, Gallimard, 1978, t. II, p. 317, (© Gallimard).
15. Freud, S., "Inhibición, síntoma y angustia", en *op. cit.*, t. XX, p. 126.
16. *Ibid.*, p. 89.
17. Freud, S., "Organización genital infantil", en *op. cit.*, t. XIX, p. 147.
18. Freud, S., "El sepultamiento del complejo de Edipo", en *op. cit.*, t. XIX, p. 183.
19. Freud, S., "El Yo y el Ello", en *op. cit.*, t. XIX, p. 24.
20. Freud, S., "Inhibición, síntoma y angustia", en *op. cit.*, t. XX, p. 160.
21. Freud, S., "Más allá del principio de placer", en *op. cit.*, t. XVIII, pp. 29-30.

22. Freud, S., "Inhibición, síntoma y angustia", en *op. cit.*, t. XX, p. 160.
23. Freud, S., "Introducción del narcisismo", en *op. c it.*, t. XIV, p. 79.
24. Freud, S., "El Yo y el Ello", en *op. cit.*, t. XIX, p. 27.
25. *Ibid.*
26. *Ibid.*
27. Freud, S., "Estudios sobre la histeria", en *op. cit.*, t. II, p. 180.
28. *Ibid.*, p. 179.
29. *Introduction à la psychanalyse*, Payot, 1961, p. 368.
30. Lacan, J., "Psychanalyse et médecine", en *Lettres de l'école freudienne*, Nº 1, 1966.

*
* *

*Selección
bibliográfica
sobre el dolor*

FREUD, S.

Sobre el dolor psíquico

"Tratamiento psíquico (tratamiento del alma), en *op. cit.*, t. I, p. 111.
Estudios sobre la histeria, en *op. cit.*, t. II, p. 1.
"Manuscrito G", en *Los orígenes del psicoanálisis*, t. I, p. 211.
"Proyecto de psicología", en *op. cit.*, t. I, p. 211.
La interpretación de los sueños, en *op. cit.*, t. IV y V.
"El delirio y los sueños en la 'Gradiva' de W. Jensen", en *op. cit.*, t. IX, p. 1
Les Premiers Psychanalystes, minutas de la Société psychanalytique de Vienne, Gallimard, t. II, 1978, p. 439.
Tótem y tabú, en *op. cit.*, t. XIII, p. 1.
"Introducción del narcisismo" en *op. cit.*, t. XIV, p. 65.
"La transitoriedad", en *op. cit.*, t. XIII, p. 9.
"Recordar, repetir y reelaborar", en *op. cit.*, t. XII, p. 145.
"Duelo y melancolía", en *op. cit.*, t. XIV, p. 235.
"Complemento metapsicológico a la doctrina de los sueños", en *op. cit.*, t. XIV, p. 215.
"De guerra y muerte. Temas de actualidad", en *op. cit.*, t. XIV, p. 273.
Introduction à la psychanalyse, Payot, 1961, p. 373.

"Sobre algunos mecanismos neuróticos en los celos, la paranoia y la homosexualidad", en *op. cit.*, t. XVIII, p. 213.
"El Yo y el Ello", en *op. cit.*, t. XIX, p. 1.
Inhibición, síntoma y angustia, en *op. cit.*, t. XX, p. 71.
Sigmund Freud, Ludwig Binswanger, Correspondance, 1908-1938, Calmann-Lévy, 1995, p. 280.
El malestar en la cultura, en *op. cit.*, t. XXI, p. 57.
"Moisés y la religión monoteísta", en *op. cit.*, t. XXIII, p. 1.

*

Sobre el dolor corporal

"Proyecto de psicología", en *Los orígenes del psicoanálisis*, en *Obras completas*, Amorrortu Editores, Buenos Aires, 1976, t. I, p. 211.
La interpretación de los sueños, en *op. cit*, t. IV y V.
"Introducción del narcisismo", en *op. cit.*, t. XIV, p. 65.
"La represión", en *op. cit.*, t. XIV, p. 135.
"Más allá del principio de placer", en *op. cit.*, t. XVIII, p. 1.
"El Yo y el Ello", en *op. cit.*, t. XIX, p. 1.
Inhibición, síntoma y angustia, en *op. cit.*, t. XX, p. 71.
El malestar en la cultura, en *op. cit.*, t. XXI, p. 57.

*

Sobre el dolor inconsciente

"Lo inconsciente", en *op. cit.*, t. XIV, p. 153.
"El Yo y el Ello", en *op. cit.*, t. XIX, p. 1.
Inhibición, síntoma y angustia,, en *op. cit.*, t. XX, p. 71.

*

Dolor y culpabilidad

"Manuscrito G", en *Los orígenes del psicoanálisis*, t. I, p. 211.
El malestar en la cultura,, en *op. cit.*, t. XXI, p. 57.

*

Sobre el dolor síntoma

Estudios sobre la histeria, en *op. cit.*, t. II, p. 1.
Carta a Fliess Nº 102, en *Los orígenes del psicoanálisis*, t. I, p. 211.
La interpetación de los sueños, en *op. cit.*, t. IV y V.
Psicopatología de la vida cotidiana, en *op. cit.*, t. VI.
El chiste y su relación con lo inconsciente, en *op. cit.*, t. VIII, p. 1.
"Fragmento de análisis de un caso de histeria", en *op. cit.*, t. VII, p. 1.
Inhibición, síntoma y angustia, en *op. cit.*, t. XX, p. 71.

*

Sobre el dolor,
objeto de perversión sádica y masoquista

La interpretación de los sueños, en op. cit., t. IV y V.
Tres ensayos de teoría sexual, en *op. cit.*, t. VII, p. 109.
"Pulsiones y destinos de pulsión", en *op. cit.*, t. XIV, p. 105.
Introduction à la psychanalyse, op. cit., p. 286.
"El problema económico del masoquismo", en *op. cit.*, t. XIX, p. 161.
Nuevas conferencias de introducción al psicoanálisis, en *op. cit.*, t. XXII, p. 1.
El malestar en la cultura, en *op. cit.*, t. XXI, p. 57.
Les Premiers Psychanalystes, Gallimard, t. II, 1967, p. 439.
Ibid., t. IV, 1975, p. 139.

*

LACAN, J.

"Intervention sur l'exposé de D. Lagache: deuil et mélancolie", Société psychanalytique de Paris, sesión del 25 de mayo de 1937, en *Revue française de psychanalyse*, 1938, t. X, Nº 3, pp. 564-565.

"Some reflections on the Ego", British Psychoanalysis Society (2 de mayo de 1951), en *Le Coq Héron*, Nº 78, pp. 7-12.

Le Séminaire, Livre V: *Les Formations de l'inconscient* (seminario inédito), lecciones del 12 de febrero, 5 de marzo, 6 de abril y 23 de abril de 1958.

Le Séminaire, Livre VI: *Le Désir et son interprétation* (seminario inédito), lecciones del 10 de diciembre y del 17 de diciembre de 1958.

Le Séminaire, Livre VII: *L'éthique de la psychanalyse*, Le Seuil, 1975, p. 73, 74, 97, 129, 280, 303.

Le Séminaire, Livre IX: *L'identification* (seminario inédito), lección del 28 de marzo de 1962.

"Kant con Sade", en *Escritos*, Siglo XXI, México, 1975, t. 2, p. 337.

"Hommage à Marguerite Duras, du *Ravissement de Lol V. Stein*", en *Ornicar*, Nº 34, julio-septiembre de 1985, p. 12.

"Ciencia y verdad", en *Escritos*, *op. cit.*, t. 1, p. 340.

"Psychanalyse et médecine", La Salpêtrière, 16 de febrero de 1966, en *Le Bloc-Notes de la psychanalyse*, 1987, Nº7, pp. 24-25.

Le Séminaire, Livre XIV: *La Logique du fantasme* (seminario inédito), lección del 14 de junio de 1967.

Le Séminaire, Livre XVII: *L'Envers de la psychanalyse*, Le Seuil, 1991, p. 89.

"La psychanalyse dans sa référence au rapport sexuel", en *Lacan in Italia. 1953-1978*, Milán, La Salamandra, 1978, p. 70.

Le Séminaire, Livre X: *L'Angoisse* (seminario inédito), lecciones del 28 de noviembre de 1962, 16 de enero, 30 de enero y 3 de julio de 1963.

Télévision, Le Seuil, 1973, pp. 37, 38, 39, 41.

*
* *

Alajouane, Th. (bajo la dirección de), *La Douleur et les douleurs*, Masson, 1957.
Assoun, P.-L., "Du sujet de la séparation à l'objet de la douleur", en *Neuropsychiatrie de l'enfance*, 1994, 42, (8-9), pp. 403-410.
Berning, von D., "Sigmund Freuds Ansichten über die Entstehung und Bedeutung des Schmerzes", en *Zeitschrift Psychosomatische Medizin*, 1980, 26, 1-11.
Bowlby, J., *Attachement et perte*, t. I: *L'Attachement*, PUF, 1992.
—, *Attachement et perte*, t. II: *La Séparation, angoisse et colère*, PUF, 1994.
—, *Attachement et perte*, t. III: *La Perte, tristesse et dépression*, PUF, 1984.
Besson, J.-M., *La Douleur*, Odile Jacob, 1992.
Bonnet, G., "La souffrance, moteur de l'analyse", en *Psychanalyse à l'Université*, 1990, 15, 57, pp. 75-93.
Brenot, P., *Les Mots de la douleur*, L'Esprit du temps, 1992.
Buytendijk, F. J. J., *De la douleur*, PUF, 1951.
Canguilhem, G., "Les conceptions de R. Leriche", en *Le Normal et le pathologique*, PUF, 1952, pp. 52-60.
Char, R., "Recherche de la base et du sommet", en *Oeuvres complètes*, Gallimard, 1983, p. 768.
Damasio, A.R., *L'Erreur de Descartes*, Odile Jacob, 1995, pp. 326-334.
Darwin, Ch., *L'Expression des émotions chez l'homme et chez les animaux*, Complexe, 1981.
Dayan, M. (bajo la dirección de), *Trauma et devenir psychique*, PUF, 1995.
Deuil (Le), *Revue française de psychanalyse*, PUF, 1994.
Deutsch, H., "Absence de douleur", en *La Psychanalyse des névroses et autres essais*, Payot, 1970, pp. 194-202.
Dor, J., *Structures et perversions*, Denoël, 1987. [*Estructura y perversiones*. Barcelona, Gedisa, 1987.]
Douleurs et souffrance, *Psychologie clinique*, 1900, Nº4.
Federn, P., *Le Moi et la psychose*, PUF, 1979, pp. 273-285.
Fedida, P., *L'Absence*, Gallimard, 1991, pp. 53-79.
Funari, E.A., "Il problema del dolore e dell'angoscia nella teoria psicoanalitica", en *Rivista di psicoanalisi*, 1965, 12, 3, pp. 267-288.

Gaddini, E., "Seminario sul dolore mentale", en *Rivista di psicoanalisi*, 1978, Nº3, pp. 440-446.
Gauvain-Picard, A. y Meigner, M., *La Douleur de l'enfant*, Calmann-Lévy, 1993.
Geberovich, F., *Une douleur irrésistible*, Interéditions, 1984.
Hanus, M., *Le Deuil dans la vie*, Maloine, 1995.
Hassoun, J., *La Cruauté mélancolique*, Aubier, 1995.
Hegel, G.W.F., *La Phénoménologie de l'esprit*, Aubier, 1941, t.I, p. 178.
—, *Premières publications*, Orphys-Gap, 1964, p. 298.
Heidegger, M., *Acheminement vers la parole*, Gallimard, 1978, pp. 64-68.
Kress, J.-J., "Le psychiatre devant la souffrance", en *Psychiatrie française*, 1992, vol. XXIII.
Laplanche, J.- y Pontalis, J.-B., *Vocabulaire de la psychanalyse*, PUF, 1978, p. 112.
Leriche, R., *La Chirurgie de la douleur*, Masson, 1940.
Levy, G. (bajo la dirección de), *La Douleur*, Archives contemporaines, 1992.
Maine de Biran, *De l'aperception immédiate*, Vrin, 1963, pp. 89-106.
Mazet, P. y Lebovici, S. (bajo la dirección de), *Mort subite du nourrisson: un deuil impossible*, PUF, 1996.
Melzack, R. y Wall, P., *Le Défi de la douleur*, Vigot, 1989.
Morris, B., *The Culture of Pain*, University of California Press, 1993.
Nasio, J.-D., *L'Hystérie ou l'enfant magnifique de la psychanalyse*, Payot, 1995, pp. 116-120; 129-132; 137-144. [*El magnífico niño del psicoanálisis*. Barcelona, Gedisa, 1986.]
Nietzsche, F., *La Généalogie de la morale*, Gallimard, 1971.
Nunberg, G. H., *Principes de psychanalyse*, PUF, 1957, pp. 214-219.
Pommier, G., *L'Exception féminine*, Aubier, 1996, pp. 205-219.
Pontalis, J.-B., *Entre le rêve et la douleur*, Gallimard, 1990, pp. 255-269.
Pribram, K. H. y Gill, M. M., *Le "Projet de psychologie scientifique" de Freud*, PUF, 1989, pp. 59-65.
Queneau, P. y Ostermann, G., *Le Médecin, le patient et sa douleur*, Masson, 1993.

Rilke, R.M., *Elégies de Duino*, Garnier-Flammarion, 1992, pp. 93-101.
Sartre, J.-P., *L'Etre et le néant*, Gallimard, col. "Tel", 1993, pp. 379-387.
Schilder, P., "Notes on the psychopathology of pain in neuroses and psychoses", en *Psycho-Analysis Review*, 18, 1, 1931.
Schwob, M., *La Douleur*, Flammarion, 1994.
Souffrances, Autrement, febrero de 1994, Nº 142.
Spinoza, B. de, "L'Ethique", *Oeuvres complètes*, Gallimard, 1954, pp. 423-425, 526-527.
Steckel, W., *Technique de la psychothérapie analytique*, Payot, 1950, pp. 317-347.
Szasz, T., *Douleur et plaisir*, Payot, 1986.
Weiss, E., "Bodily pain and mental pain", en *The International Journal of Psycho-analysis*, enero de 1934, vol. XV, parte I, p. 1, 13.

*
* *

NOTAS DE TODOS LOS CAPITULOS

1. ¿Es necesario recordar que el relato de una experiencia que hemos vivido, por más fiel que sea, sigue siendo inevitablemente una ficción, la ficción de quien lo escribió?

2. Un término que ya hemos empleado, y que volveremos a encontrar ulteriormente es el de "pulsión". En este capítulo, consideramos equivalentes "pulsión" y "deseo". Pese a sus diferencias, preferimos utilizar estos dos conceptos indistintamente teniendo en cuenta su punto común esencial, a saber que designan el movimiento en el inconsciente, y más exactamente, todo impulso que tiende imperativamente a descargarse y a expresarse.

3. Recordemos que es una de las representaciones simbólicas la que se verá fuertemente sobreinvestida por el yo cuando intente precaverse contra el trastorno pulsional provocado por la pérdida del amado. En cuanto a la utilización del término lacaniano "simbólico", no olvidemos lo siguiente: la dimensión simbólica entraña siempre dos componentes. Una red de elementos —llamados "significantes" o "representaciones inconscientes"—; y un elemento único, situado en la periferia de la red, que constituye su límite y asegura su cohesión. Lacan la bautiza esta organización de la red como el "significante del Nombre-del-padre". Ahora bien, como veremos, el ser elegido presenta una doble existencia simbólica: en tanto red y en tanto "uno". Es red simbólica cuando proponemos que su persona está fijada en nuestro inconsciente por una multitud de representaciones inconscientes. Y es límite singular de la red, significante del Nombre-del-padre, cuando garantiza la coherencia de mi psiquismo. Veremos en breve que dicha función de límite corresponde al *ritmo* del latido del deseo.

4. Esta lupa deformante del fantasma ha sido "fabricada" desde hace mucho tiempo, a partir de este primer estremecimiento vital, a partir del primer intercambio con el Otro elegido, primordial, ya se trate de la madre o del adulto en posición de tutor.

5. "Proyecto de psicología", en *Obras completas*, Amorrortu, Buenos Aires, t. 1, p. 323. Veremos, al releer el "Proyecto", que uno de los rasgos más

sorprendentes de este texto fundador es su viva actualidad. Una actualidad confirmada por recientes hipótesis neurocientíficas sobre el recorrido del mensaje doloroso.

6. El cuerpo es vivido por el yo como una periferia tanto externa (piel, mucosas), como interna (órganos internos). Para ilustrar la relación entre el yo y el cuerpo, podemos imaginar el yo como si estuviera ubicado en el centro de un espacio rodeado por una banda de Moebius. Esta banda circular representaría el cuerpo percibido por el yo como un borde que, alternativamente, ofrece su costado externo (sensaciones visuales, táctiles, etc.) y su costado interno (sensaciones internas propioceptivas).

7. En pro de la claridad de mi demostración, prefiero emplear indiferentemente los vocablos de "representaciones psíquicas", de "imagen" y aun de "símbolo". Es cierto que cada uno de estos términos designa conceptos psicoanalíticos diferentes, y, sin embargo, todos dan cuenta de la presencia psíquica del otro en el seno del yo. La diferencia entre estos conceptos ha sido ampliamente tratada en *L'Enseignement de 7 concepts cruciaux de la psychanalyse*, Payot, 1992, pp. 143-187.

8. Estas células periféricas, cuya función es la de percibir las excitaciones procedentes del mundo externo, están recubiertas de una capa superficial protectora que Freud denomina "barrera de proteccción" o "paraexcitación". Es ésta precisamente la capa desgarrada durante una lesión dolorosa.

9. En el "Proyecto", Freud define al yo focalizándose en las neuronas del recuerdo. El yo, nos dice, es un estado particular de las neuronas del recuerdo, cuando, una vez sensibilizadas por pasajes sucesivos de energía (facilitación), están sometidos a la regulación de su excitación y al control de la cantidad de energía que encierran. El *yo* es el nombre de una instancia reguladora de la excitabilidad de las neuronas del recuerdo y de las cargas que lo invisten.

10. Los neurocientíficos no vacilan en suponer, como lo hizo Freud, que el hombre conocería el dolor gracias a una lejana memoria de la especie. Damasio declara que la sensación dolorosa obedece a "mecanismos neuronales innatos", transmitidos por mensajes genéticos propios de lo humano. El dolor ocuparía un lugar principal en las estrategias de la supervivencia de la especie, genéticamente codificadas. (Damasio, A.R., *L'erreur de Descartes, la raison des émotions*, Odile Jacob, 1995, pp. 326-328).

11. *Cf.* p. 89.

12. El contenido imaginario de la representación, aunque con un fuerte predominio visual, es también auditivo, olfativo, táctil, etc.

13. Damasio, A. R., *L'erreur de Descartes, op. cit.*

14. Freud, S., *op. cit*, t. 1, p. 343 ("Las barreras-contacto").

15. Changeux, J.- P., "Les neurosciences", en *Bulletin de la Société française de philosophie*, Armand Colin, 1982.

16. El lector encontrará en la p. 224 los dos pasajes en los cuales Freud define el placer y el displacer según los ritmos de las pulsiones.

17. *Cf.* "Proyecto", *op. cit.*, t. 1, p. 369.

18. Damasio, A. R., *L'erreur de Descartes, op. cit.*, pp. 296-306 y 329-334.

19. Pierre Benoît ya se ha interrogado acerca de una inversión posible

de la célebre fórmula freudiana que hace de la conversión histérica un "salto de lo psíquico a lo somático". *Cf.* su artículo "Le saut du psychique au somatique", en *Psychiatrie française*, Nº 5, 1985.

20. Maine de Biran, *De l'aperception immédiate*, Vrin, 1963, pp. 89-106.

21. Nasio, J. D., lección no publicada en este volumen, en la que se presentan específicamente las hipótesis freudianas del "Proyecto" sobre el dolor corporal. Esta temática se desarrolla extensamente en nuestro capítulo 3 (p. 79 y sigs.).

22. Freud, S., "Proyecto de psicología", *Obras completas*, Amorrortu, Buenos Aires, t. 1, pp. 350 y 356.

23. Freud, S., *Tres ensayos de vida sexual*, *op. cit.*, t. VII, p. 109.

24. Freud, S., "El problema económico del masoquismo", *op. cit.*, t. XIX, p. 161.

25. Freud, S., "Pulsiones y destinos de pulsión", *op. cit.*, t. XIV, p. 105.

26. Freud, S., "Introducción del narcisismo", *op. cit.*, t. XIV, pp. 80-81.

27. Freud, S., "Pulsiones y destinos de pulsión", *op. cit.*, t. XIV, p. 105.

28. Freud, S., "Las fantasías histéricas y su relación con la bisexualidad", en *op. cit.*, t. IX, p. 147.

29. Nasio, J.-D., *L'inconscient à venir*, Rivages, 1993.

30. Freud, S., "El yo y el ello", *op. cit.*, t. XIX, p. 1.

31. Freud, S., "Los orígenes del psicoanálisis", en *op. cit.*, Carta Nº 71, del 15 de octubre de 1897, t. I, p. 305

32. Freud, S., *op. cit.*, t. VII, p. 120.

33. Freud, S., "El yo y el ello", *op. cit*, t. XIX, p. 1.

34. Freud, S., *Les Premiers pssychanalystes*, minutas de la Sociedad psicoanalítica de Viena, Gallimard, t. II, 1978, p. 439.

35. Lacan se refiere al teorema de Stockes en "Posición del inconsciente", en *Escritos*, Siglo XXI, México, 1978, t. 2, p. 365.

36. Lucrecio, *La Nature des choses (De natura rerum)*, ARléa, 1995, pp. 151-192.

37. Freud, S., "Proyecto de psicología", *op. cit.*, t. I, pp. 362-363.

38. Sylvester, D., *L'art de l'impossible. Entretiens avec Bacon*, Flammarion, 1996.

39. Freud, S., *op. cit.*, t. XIV, p. 243.

40. Freud, S., *op. cit.*, t. XX, p. 124.

41. Freud, S., *La interpretación de los sueños*, *op. cit.*, t. V.

42. Freud, S., *op. cit,,* t. XIV.

43. Freud, S., *op. cit.*, t. XIX.

44. Lacan, J., *L'Angoisse* (seminario inédito), lección del 3 de julio de 1963.

45. Freud, S., *op. cit.*, t. XIV, p. 105.

46. Freud, S., *op. cit.*, "Addenda C", t. XX, p. 71.

47. Freud, S., *op. cit*, t. I, p. 239.

INDICE

Clémence o la travesía del dolor   11

Nota liminar   19

Nuestra premisa: el dolor es un afecto que refleja en la conciencia las variaciones extremas de la tensión inconsciente, que escapan al principio del placer

---

El dolor psíquico, dolor de amar   29

Cuanto más se ama, más se sufre - Perder al ser a quien amamos - Aquello que hace daño no es la pérdida del amado, sino el hecho de seguir amándolo más intensamente que antes cuando lo sabemos irremediablemente perdido - El fantasma del amado desaparecido - El amado cuyo duelo debo hacer es aquel que me satisface a medias, hace tolerable mi insatisfacción y resitúa mi deseo - El amor es la presencia fantasmatizada del amado en mi inconsciente - La persona del amado - La presencia real del amado en mi inconsciente: una fuerza - La presencia simbólica del amado en mi inconsciente: un ritmo - La presencia imaginaria del amado en mi inconsciente: un espejo interior - El dolor del enloquecimiento pulsional - Resumen de las causas del dolor psíquico

Archipiélago del dolor 65

Dos tipos de dolores psíquicos - ¿Cómo se experimenta corporalmente el dolor psíquico? - La verdadera causa del dolor está en el ello- El dolor inconsciente - Microtraumas y dolor inconsciente - ¿Quién es el otro amado? - La persona del amado - Aquel a quien amo es quien me limita - Mi fantasma del amado - El dolor es la certidumbre de lo irreparable - El amado muerto es considerado como insustituible - Amor y dolor - Dos modos del dolor del duelo - El duelo es un proceso de desamor, y el dolor del duelo una irrupción de amor - La nostalgia es una mezcla de amor, dolor y goce: sufro por la ausencia del amado y gozo de ofrecerle mi dolor - Duelo patológico - "¡No quiero que cese mi dolor!" - La angustia es una reacción ante la pérdida imaginaria - Cuadro comparativo de los afectos: el dolor, los celos, la angustia, la culpabilidad, la humillación narcisista y el odio

**El dolor corporal:
una concepción psicoanalítica** 79

El dolor de la lesión 84

La percepción imaginaria de la herida y del dolor, y su representación mental

*

El dolor de la conmoción 87

La memoria inconsciente del dolor - El pasaje de un dolor corporal a un dolor inconsciente - Nuestro primer dolor - El dolor inconsciente no es una sensación sin conciencia, sino un proceso estructurado como un lenguaje

El dolor de reaccionar 101

Resumen de las causas psíquicas del dolor corporal - La representación de la parte lesionada y dolorida del cuerpo

*

Preguntas y respuestas sobre el dolor corporal 111

Psicoanálisis y neurociencias - La memoria inconsciente y las neurociencias - El dolor psicógeno - El dolor inconsciente - Dolor, histeria y psicosis - Cuadro comparativo entre el dolor corporal y el dolor psíquico

---

Lecciones sobre el dolor 133

Lección I
El dolor, objeto de la pulsión sadomasoquista 137

El dolor es una de las formas de aparición de la sexualidad en la transferencia - El dolor inconsciente es una satisfacción sexual - El dolor, un nuevo objeto de la pulsión - El dolor, objeto del fantasma sadomasoquista

*

Lección II
El dolor en la reacción terapéutica negativa 155

La extraña necesidad de ser castigado - La reacción terapéutica negativa: un modelo de las formaciones de objeto a - El salto de la libido de un fantasma inconsciente a la conciencia - Debemos distinguir: pulsión, fantasma y perversión

*

Lección III
El dolor y el grito 173

El grito es una descarga motriz - El grito es una acción que modifica el ambiente - El grito golpea los oídos de quien lo emite y se inscribe en su memoria - El grito es una emanación del dolor, pero también el aliento que lo azuza - El grito es un llamado al Otro - El grito es un llamado al silencio del vacío

*

Lección IV
El dolor del duelo 189

Duelo normal y duelo patológico - La identificación de la persona en estado de duelo con su amado desaparecido - El dolor del duelo no es dolor de separación, sino dolor de amor

---

Extractos de las obras de Freud y de Lacan sobre el dolor psíquico precedidos de nuestros comentarios 203

¿Qué es el dolor psíquico? - Nunca estamos tan mal protegidos contra el dolor como cuando estamos enamorados - El duelo y el dolor del duelo - El dolor psíquico se explica por la sobreinvestidura de la representación mental del amado perdido - En el duelo, el dolor se mezcla con el amor y el odio - La pulsión de muerte está en funcionamiento en el duelo - El último dolor sería gozar sin límites - El bebé, la angustia y el dolor - La angustia de la mujer: perder el amor de su amado - Los celos son una variante del dolor psíquico - Gozar del dolor - El dolor y el grito - Dolor de existir - Dolor y masoquismo

---

Extractos de las obras de Freud sobre el dolor corporal, precedidos por nuestros comentarios   219

El dolor corporal - El dolor es una pseudopulsión - El placer y el displacer expresan el ritmo pulsional. El dolor, en cambio, tal como lo hemos definido, es una ruptura de ese ritmo - La memoria del dolor - Todo dolor es el recuerdo de un dolor antiguo y toda pérdida, la reproducción de una primera pérdida ya olvidada- El dolor inconsciente - El dolor corporal se explica por la sobreinvestidura de la representación mental de la parte herida del cuerpo- El dolor corporal es un exceso de amor para el órgano lesionado en detrimento de los otros objetos de amor - El dolor forma nuestro yo y nos enseña a descubrir nuestro cuerpo - El dolor psicógeno - Dolor y goce

---

Selección bibliográfica sobre el dolor   233

Notas de todos los capítulos   243

Agradecemos a todos los editores su autorización para reproducir las citas tomadas de sus respectivos fondos editoriales.

Impreso en los talleres de
Master Copy, S.A. de C.V.
Av. Coyoacán 1450 Col. Del Valle
Del. Benito Juárez, C.P. 03100
México, D.F.